El Reino de la Eterna Juventud (ADVENTURE)

Paloma Jaramillo

Contenido

Capítulo 1

Me muevo de un lado a otro inquieta.

Estoy en el coche con mis padres y mi hermano, y llevamos unas flores para dejarlas en la lápida de la abuela Wendy, quien falleció hace seis meses.

Antes íbamos una vez a la semana a visitarla, pero ya no tenemos tanto tiempo, así que una vez al mes mínimo vamos a dejarle flores.

Estoy riñendo a Jack, ya que no para de moverse del asiento, y él me obedece a regañadientes. Lo siguiente que consigo percibir es a mi madre avisándonos de algo y luego oír y notar un gran impacto. Lo último que logro hacer antes de sumirme en la oscuridad es llamar a mi hermano.

A los pocos minutos logro abrir un poco los ojos, aunque necesite hacer un gran esfuerzo, y veo a personas trajeadas que intentan sacarnos del coche hecho trizas.

Mientras estoy reviviendo esa pesadilla, noto como sudo y lloro, sin poder salir de ella, hasta que oigo una dulce voz que me llama.

tranquila. Es solo un mal sueño.

Cierro los ojos y al abrirlos cambio de escenario y me encuentro en un lugar todo blanco, en el vacío, pero logro divisar a lo lejos una figura.

—¿Quién eres?–pregunto mientras me acerco lentamente a la sombra.

—Soy yo, _____, soy Peter. No tengo mucho tiempo, estás apunto de despertarte. Necesito que vuelvas.

—¿Por qué? ¿Ha pasado algo malo?

Veo como Peter va desvaneciéndose.

—¿Peter? ¡Peter!

Me despierto de golpe con la respiración agitada y la cara mojada por las lágrimas.

Rápidamente miro a mi derecha y veo a Jack durmiendo plácidamente a mi lado. Suspiro aliviada para después llorar en silencio.

Ha pasado más de un año desde que fui al País de Nunca Jamás, desde que mi vida cambió para mal.

Después de esas vacaciones de invierno, a los pocos meses la abuela Wendy se encontraba cada vez más débil hasta que sucedió lo que a todos nos pasará tarde o temprano.

Al principio solíamos visitarla casi a diario, pero al final acabamos yendo al cementerio una vez al mes porque no teníamos casi tiempo libre. Un día de esos, tuvimos la mala suerte de pasar en el momento justo en el que pasaba un conductor a más velocidad de la que debía y sucedió lo que tuvo que suceder.

Del accidente solo logramos sobrevivir mi hermano y yo. Los médicos nos dijeron que tuvimos mucha suerte y que era casi imposible salir vivo de ese impacto.

A raíz de ese desastre, fuimos acogidos por la madre de una amiga mía del colegio, ya que no nos quedaba más familia (es cierto que tenemos al tío abuelo John y al tío abuelo Michael, pero viven muy lejos y no los conocemos de nada).

No voy a negar que no fue duro, pero tener a personas a las que quiero a mi lado hizo que mi vida fuera menos terrible.

Lo malo llegó hace dos días, cuando escuché a mi amiga, Anne, y a su madre, Margaret, hablar. Margaret le comunicaba que no andaban bien de dinero y que si seguían así nos tendrían que llevar a un orfanato. Por supuesto, Anne intentaba buscar una solución, pero hasta yo sé que no hay ninguna.

—¿_____?–pregunta somnoliento Jack.

Me seco rápidamente las lágrimas para mirarle sonriente.

—Hola, renacuajo. ¿Tan pronto despierto?

—Estaba teniendo una pesadilla–dice triste, pero de repente se le ilumina el rostro y empieza a saltar en la cama mientras dice "sí" efusivamente.

—Jack, no saltes en la cama y no hagas tanto ruido, las vas a despertar–digo intentando calmarlo.

—¡No lo entiendes! ¡Lo he visto!–dice alegre.

—¿El qué has visto, Jack?

—¡A él! ¡A Peter Pan!

La sonrisa se me borra de la cara al escuchar ese nombre.

—Jack, eso es imposible, él... él ya dijo que no volvería más.

—¡Lo vi en el sueño! ¡Me dijo que tenía que convencerte de que utilizásemos el polvo de hada que me queda en la bolsita para volver al País de Nunca Jamás!

Esto no puede estar sucediendo, otra vez no.

—¡Jack! ¡Estate quieto de una vez!–grito enfadada–. ¡No podemos irnos así sin más!

—¿Por qué no?–pregunta calmado mientras se sienta por fin en la cama.

—Porque no... no podemos dejar solas a Margaret y a Anne. Necesitan nuestra ayuda.

—Ya, claro, como si a ellas les importásemos. Nos van a llevar a un orfanato, _____.

—Jack, claro que les importamos... Oye, ¿y tú cómo sabes lo del orfanato?–pregunto de manera acusatoria.

—Eem... Yo... Solo estaba... Oye, ¿y tú como lo sabes?–pregunta de la misma forma que yo le pregunté.

—Touché.

Jack se acerca a mí y seguidamente me abraza.

—Porfa, ____, quiero irme de aquí. No quiero seguir aquí...–dice al borde de las lágrimas.

—Está bien, Jack. Trae la bolsita.

—¡Bien! ¡Te quiero, hermanita!

Acto seguido va al armario a buscar nuestro transporte hacia el País de Nunca Jamás.

De mientras yo cojo un bolígrafo y un papel para escribir una nota de despedida. No quiero que piensen que han sido malas compañeras y que eso haga que se sientan culpables.

Cuando acabo la carta, la firmo y hago que mi hermano también lo haga.

—¿Nos vamos ya?–pregunta emocionado.

—Sí, vámonos–le sonrío.

Me rocía a mi primero y la sensación es agradable y nostálgica. Siento como si me hiciera cosquillas y cuanto más las siento, más feliz me hace.

Abro los ojos que no sabía que había cerrado y no hace falta mirar abajo para saber que estoy volando.

Echaba de menos notar el aire fresco en mi cara. Echaba de menos sentirme... libre.

—¡Hagamos una carrera!–le digo a mi hermano–. ¡A la de una! ¡A la de dos! ¡Y a la de tres!

Me voy abriendo paso entre los tejados y las aves que se presentan en mi camino con tal de alcanzar a Jack, que iba a dos metros por delante de mí.

—¡Te voy ganando!–se burla.

Veo que algo se va acercando a él mientras me mira y me saca la lengua.

—¡Cuidado!

Cuando le aviso es demasiado tarde, una paloma se choca contra su cara y hace que logre tomarle ventaja.

—¡Eso te pasa por presumido!–digo mientras me río.

Me acerco hacia su posición, le cojo de la mano y volamos juntos.

Cuanto más nos aproximamos a la segunda estrella, con más claridad oigo voces, como cuando fui por primera vez, solo que dicen frases distintas:

—¿Quién eres? —Soy _____ Anderson. —¡Dame el collar. —Prométeme que vendrás a visitarme. —Solo si tú me prometes que te quedarás en Londres.

Lo siguiente que vemos al terminar de escuchar las voces es una gran isla con dos preciosos arcoíris.

—¡Esto es genial! ¡Mira, _____! ¡Un barco pirata!–dice emocionado mientras se dirije al barco pirata.

Voy rápidamente a su lado y lo detengo cogiéndole de la camiseta.

—No, no, no. Tienes prohibido ir a ese barco pirata hasta que encontremos a Peter.

—Vaaale.

Mientras volamos, logro ver algo que se dirige hacia nosotros. Cuando consigo ver lo que es, me abalanzo sobre Jack.

—¡____! ¡Vienen más!–me avisa alarmado mi hermano

Volamos lo más rápido que podemos, intentando que ninguna flecha nos toque.

—¡Peter! ¡Soy yo! ¡Soy ____!

A medida que nos acercábamos a tierra firme, veíamos con más nitidez a los niños perdidos lanzando las flechas.Por suerte logré ver también una pequeña luz que no paraba de moverse entre los niños.

—¡Campanilla! ¡Diles que paren! ¡Nos vais a matar!

De repente noto un dolor en el brazo que hace que me queje y Jack me mire.

—____, estás sangrando–dice con miedo.

Respiro profundamente, cojo a Jack para ponérmelo en la espalda y vuelo lo más rápido posible esquivando las flechas.

—Agárrate muy fuerte.

No sé cómo lo logro, pero consigo que aterricemos sanos y salvos. Bueno, yo herida, pero no muerta.

Cuando nos ponemos en pie, siguen apuntándonos con sus armas. Veo que hay más niños que la otra vez, pero consigo reconocer a algunos.

—Osezno, soy yo, _____.

Se queda un rato mirándome, como si pensara que le estoy tendiendo una trampa, pero finalmente deja caer el arco al suelo y se acerca a abrazarme.

—Te hemos echado de menos–me dice abrazándome más fuerte.

Los demás, al ver a Osezno abrazándome, hicieron lo mismo, hasta los nuevos.

—Emm... ¿Chicos? Me estáis... haciendo daño en el brazo.

Todos se apartan y dirigen la mirada hacia mi hermano, quien ha estado a mi lado todo el rato mirándolos tímidamente.

—Niños perdidos, él es mi hermano Jack.

—Hola, Jack–dicen todos al unísono.

Entre los niños perdidos aparece Campanilla que nos saluda alegremente, algo extraño en ella.

—¿Dónde está Peter Pan?–pregunta Jack con los ojos llenos de ilusión.

—No lo sabemos. Peter es un alma libre, puede desaparecer y aparecer en cualquier momento sin que lo sepamos–contesta uno de los niños perdidos.

Debería ir a buscar a Peter, pero no sé qué es más peligroso si llevarme a Jack o dejarlo con los niños y Campanilla.

—Jack, voy a buscar a Peter, ¿te vienes o quieres quedarte con ellos para que te enseñen la isla?–le pregunto, sinceramente las dos opciones me parecen peligrosas así que sea él el que decida.

—Mmm... Quiero ver cómo es mi nuevo hogar–dice sonriendo mientras los niños perdidos cacarean y hacen ruido.

—Está bien, pero ten mucho cuidado–le advierto mientras asiente–. Campanilla, vigílalo, por favor.

Tras decir eso, comienzo con la búsqueda del niño volador.

No recordaba que fuera taaan grande, si lo llego a saber le digo a Campanilla que me rocíe con polvo de hada y lo busco volando.

Camino entre la selva, abriéndome paso entre las hierbas y las plantas. Escucho personas cantar y reír cerca de donde me encuentro.Aparto dos ramas para poder mirar y veo que he llegado a la playa.Las personas que cantan son los piratas.

Cuando estoy a punto de seguir con mi búsqueda, oigo como aclaman a alguien así que me espero para ver quién es.

—¡Scarlett! ¡Scarlett!

Una chica de mi edad aproximadamente se pasea por la cubierta de manera segura y altiva. La tripulación se pone de rodillas a medida que ella va pasando por su lado, como si estuvieran en frente de la mismísima reina.

Antes de llegar al final de la cubierta, da una vuelta sobre sí misma y mira hacia donde estoy yo mientras el viento sacude su pelo. Antes de esconderme, logro ver unos ojos de color miel y una sonrisa que me provoca escalofríos.

Capítulo 2

Cuando estoy a punto de alejarme del barco y de los piratas, logro divisar una figura verde observando el barco desde una roca.

Peter.

¿Cómo hago para que se dé cuenta de que estoy aquí sin llamar la atención? Tendría que rodear el barco pirata caminando por la isla. Seguramente se irá antes de que logre alcanzarlo.

Cuando me dispongo a caminar, veo que se aleja de su escondite volando para observar el barco pirata desde un punto más cercano.

¿Qué trama esta vez?

Sigo caminando mientras intento visualizar su expresión. La mira concentrado y serio, pero a la vez con curiosidad y fascinación.

Noto cómo algo dentro de mí se revuelve.

De repente, pongo mis manos hacia delante para no recibir el impacto del suelo en mi cara.

No puedo ser más torpe.

Me pongo en pie adolorida y miro mi rodilla, la cual está lastimada por la caída.

Eso te pasa por no mirar hacia delante.

Escucho como el sonido de unas campanitas se acerca a toda velocidad hacia mí.

—Campanilla, menos mal que has venido. ¿Te importaría rociarme?

Ella asiente frenética y empieza a rociarme todo el cuerpo de polvo de hada. Noto cómo me elevo poco a poco al concentrarme en un pensamiento bonito y me voy acercando hacia el escondite de Peter sin ser vista.

Campanilla se me adelanta y se pone al lado de Peter, sin decirle nada, supongo que para no molestarle.

Yo, en cambio, me tomo mi tiempo para mirar de vez en cuando la fiesta que están celebrando los piratas. Bueno, también porque no tengo ni idea de qué decirle a Peter.

"Hola, Peter. Al final quiero quedarme aquí contigo, he crecido un poco, pero no lo suficiente como para que me eches".

No, suena como si estuviera desesperada de que me acepte.

Y un: "Hola, he vuelto y me quedaré aquí para siempre, contigo".

Mmm... No. Da un poco de mal rollo la verdad. Si alguien me dice eso huiría.

Antes de darme cuenta, ya estaba al lado de Peter, vigilando a los piratas. Noto como me mira, supongo que asombrado, pero hago como si no pasara nada mientras mi corazón late a mil por hora.

—¿Sabes quién es esa y qué está tramando?

Genial, ____, ¿no lo ves desde hace un año aproximadamente y solo le dices eso? ¿Ni un "hola"? ¿Ni siquiera un mísero abrazo?

Sigo observando a la chica de cabello azabache para no posar la mirada en esos ojos azules que hace tanto tiempo que no veo.

Como el silencio no cesaba, no tuve más remedio que hacer contacto visual con él. Me miraba asombrado y con el ceño levemente fruncido. Cuando noto que me estoy mordiendo las pieles de los labios por el nerviosismo, decido decir algo para romper el hielo.

—Hola, Peter, cuánto tiempo—le saludo con una sonrisa tímida.

Sigue sin decir nada y tengo la impresión de que de un momento a otro se irá volando.

—Yo... He vuelto para quedarme. Jack y yo lo hemos estado pasando bastante mal este último año. Si no nos quieres aquí, no dudaremos en irnos...

Sigue sin decir nada. Hasta noto como Campanilla está incómoda escuchando nuestra conversación, bueno, más bien mi monólogo.

—Peter, di algo, por favor.

Veo como abre la boca para decir algo, pero se arrepiente.

—Yo... No sé que decir...

¿Tal vez que te alegras de verme? Pero esa frase nunca salió de su boca.

Aparté la mirada y la volví a posar en el barco pirata. Espera, la chica no está.

—¿Dónde está? Ha desaparecido–digo en voz alta.

—Voy a mirar más de cerca–contesta Peter para después irse de la roca volando.

Miro a Campanilla y esta se encoge de hombros, también confundida por lo que acaba de pasar.

Ambas seguimos al niño volador, quien se está acercando cada vez más al barco.

—Peter, no te acerques más. Te van a ver.

Pero cómo no, no me hace caso. Como siempre.

—Peter.

Este llega hasta la obra muerta del barco de tal manera que los piratas, los cuales bebían como unos descosidos, no lo pudieran ver.

Campanilla y yo nos quedamos más alejadas para poder ver que trama Peter.No sé cómo lo hace pero logra meterse en el interior del barco sin ser visto por la tripulación.

¿Qué está tramando este niño cabezota?

—Campanilla, voy con él. No me da buena espina. Si ves que estoy en peligro de ser pillada por la tripulación, intenta distraerlos–le digo y ella acepta.

Voy primero a mirar desde una escotilla el interior del barco para ver si está Peter en esa sección. Y bingo. Veo como camina sigiloso hacia donde antes era el despacho del capitán Garfio.

Me asomo para ver si tengo vía libre para entrar. Veo a los piratas bailando alegres mientras beben por la cubierta.

Logro llegar hasta el mástil sin ser pillada. Me asomo y como los veo bastante ocupados consigo entrar dentro sin ser vista. No me extraña que Garfio estuviera siempre chillándoles y echándoles la bronca.

Mientras más me acerco al despacho del capitán, bueno, ahora de la capitana, más percibo una melodia creada por un piano.

—Peter Pan, por fin nos conocemos–dice una voz dulce pero firme.

Me quedo detrás de la puerta para poder escuchar la conversación sin que me vean. La puerta está entreabierta así que puedo observar un pequeño trozo de la habitación, aunque no pienso asomarme, no me quiero arriesgar a ser vista.

—Pensé que vendría a hablar conmigo nada más sustituir a ese viejales al cual llamábais capitán Garfio–me sorprende que lo trate de usted, ya que Peter es solo un niño y no creo que le haga gracia que le hable como si fuera un adulto–. ¿Qué pasó con él? ¿Se tuvo que jubilar o fue comido por ese simple cocodrilo?

Pensé que se lo recriminaría, pero Peter no decía nada y ella continuó con su discurso.

—Bueno, como decía antes, estaba deseando conocerle.

—¿Por qué? ¿Qué quieres de mí y quién eres?–pregunta por fin Peter.

—Oh, cierto, no me he presentado. Soy la capitana Scarlett Destiny, pero puede llamarme Scarlett–dice con un tono... ¿seductor?

—Ajá, ¿y qué quieres de mí, Scarlett?

—Quería proponerle una tregua. Sé que los piratas y los niños perdidos han estado en una constante lucha, sobre todo con el "incidente" de la mano derecha de Garfio. Admito que me causó gracia cuando me lo dijeron.

No me fio ni un pelo de esa chica, está intentando ganarse la confianza de Peter, a saber para qué.

—¿A que sí? No estaba seguro si cortarle solo la mano o también el brazo, pero me pareció demasiado cruel.

Genial, no hay nada que le guste más a Peter que lo adulen.

—Un gran detalle por su parte pensar en el bienestar del señor Garfio. Bueno, para que aceptes nuestra tregua, me gustaría otorgarle este collar. Yo llevo uno igual, como símbolo de unidad entre los dos bandos. ¿Aceptáis?

No, no puede aceptar. No la conoce, no sabe absolutamente nada de ella. Además, ¡es una pirata! Los piratas ya son personas rastreras y ella encima parece ser alguien astuta y capaz de hacer cualquier cosa por conseguir sus objetivos. Lo vi en su mirada, me miraba como haciéndome saber que iba a ganar algo que ni siquiera había empezado.

Antes de que el niño volador dijera nada, decidí entrar. No tengo ningún arma con el cual defenderme y seguramente ya no puedo volar porque el polvo de hada ya se habrá terminado, pero entré con la cabeza bien alta y firme para que pensaran que tenía idea de lo que hacía.

Puse mi mirada en la de la nueva capitana quien me miraba sonriente, como si ya supiera que estaba escuchando todo y que iba a entrar en la sala.

—Mira a quien tenemos aquí... A la gran _____ Anderson. Estaba ansiosa por conocer a la persona que logró vencer al gran Garfio. No me voy a presentar porque ya habrás escuchado todo lo hablado con tu gran amigo–iba a seguir hablando, pero la interrumpí.

Sí, todos somos muy grandes.

—Deja de intentar lo que estés intentando. Conmigo no funciona toda esta palabrería. Dí lo que en verdad quieres conseguir–digo mientras me acerco a ella de manera amenazadora.

—Querida, ya lo has oído. Solo quiero acabar con este absurdo enfrentamiento–camina hasta ponerse en frente de Peter–. ¿Qué me dices? ¿Hay trato?

El niño volador mira a la preciosa chica y al collar que ella le tiende.

—Peter, piénsalo, acabas de conocerla ahora. Además, tú siempre decías que no te puedes fiar de un pirata. ¿Qué es lo que ha cambiado?

Él me mira. Me impresiona esta situación porque no actúa como un crío, sabe que, depende de que decisión tome, creará la gloria o la perdición de la isla.

Capítulo 3

Tengo que salir de aquí. Siento una presión muy fuerte en el pecho que augmenta a medida que veo a Peter cogiendo el collar y a esa pirata sonriendo con simpatía al niño volador.

Sin decir nada, doy media vuelta y aparto a alguien que no logro identificar quién es para poder salir del barco.

Cuando llego a la cubierta me doy cuenta que está toda la tripulación mirándome. Primero se asombran, pero rápidamente desenvainan sus espadas para atacarme.

—Mierda... Lo que me faltaba.

Intento visualizar algo que me sirva como arma y no me cuesta identificar a mi izquierda una espada de alguno de la tripulación que ha preferido dejarla allí para poder beber tranquilo.

Después de localizar la espada, los miro desafiante a la vez que me preparo para coger el arma.

—Adelante...–digo en voz baja, autopreparándome.

—¡A por ella!

Nada más escuchar esas palabras, corro hacia la izquiera y logro coger la espada antes de que me puedan atravesar con sus armas.

Me pongo firme y empiezo a batallar con el primer pirata que veo.

No estoy lo suficientemente en forma como para ganarlos a todos, ni siquiera sería capaz de ganar a tres de ellos. Así que mientras me intento defender de uno, pienso en una alternativa.

Veo un pequeña luz que se va acercando a mí.

Campanilla consigue lanzar a algunos piratas. No tengo ni la más remota de como logra ganarles, pero no voy a cuestionar sus medios.

Con unas cuantas estocadas consigo ganar al pirata y cuando voy a llamar a mi pequeña amiga para que me rocíe, veo como se me acercan tres piratas más.

Desesperada alzo la mirada y veo la cofa del barco.

Rápidamente me dirijo a la red mientras soy perseguida por la tripulación.

Intento subir lo más rápido posible, pero la espada, que sigue en mi mano, me ralentiza. Bueno, y también los piratas que intentan matarme detrás mío.

Nada más llegar a la cofa corto la red, provocando que los piratas caigan.

Desde la distancia, veo que alguien sale del interior del barco.

—¡Campanilla!–la llamo y ella acude a mí–. Rocíame, por favor, nos vamos de aquí.

—¿Y Peter?

Al principio me sorprende, no me acordaba que la podía entender.

—¿Peter? Está bien, dice que nos vayamos, que ya vendrá–miento.

No muy convencida me rocía y nos dirijimos a la casa del árbol.

No me puedo creer que el rey de Nunca Jamás haya decidido compartir el trono.

—_____, ¿qué ha pasado?–me pregunta la pequeña hada al verme con la mirada perdida.

—Peter ha hecho las paces con los piratas.

Veo cómo se sorprende y se queda un momento en silencio, hasta que decide opinar.

—Bueno... Nunca pensé que haría eso, pero si lo ha hecho será por algo. Aunque sea solo un asno, él siempre sabe que hacer–dice lográndome sacae una rápida sonrisa al escuchar el insulto que solía decirle con frecuencia.

No estoy del todo segura de que Campanilla esté en lo cierto, pero ella lo conoce mil veces mejor que yo así que debería de hacerle caso.

—Ya... Supongo que tienes razón.

Y yo que pensaba que viniendo aquí me olvidaría de problemas... Pensaba que en Nunca Jamás encontraríamos nuestro nuevo hogar y que Jack estaría prácticamente a salvo y... Espera. ¿Y Jack?

—¿Qué pasa?–me pregunta Campanilla al ver mi expresión de preocupación.

—¿Dónde está Jack? Te dije que lo vigilaras.

—Y lo hice... Pero me distraje viendo mi reflejo en el río y... Los perdí–abro los ojos sorprendida y me llevo las manos a la cara–. No te preocupes, los escuché diciendo que irían a ver a los indios.

—Bueno... ¿son de fiar?–pregunto.

-Sí...

—Campanilla...–digo con tono recriminatorio.

—Desde que Peter salvó a Tigrilla sí que lo son, pero creo que no les caen tan bien los niños perdidos. Y sí, ahora te rocío...

Vamos volando hacia el campamento indio. Cuando logro divisar a Jack, aterrizo lo más rápido posible.

—¡Jack!

Aterrizo justo en frente de él, le abrazo muy fuerte y le reparto besos por toda la cara.

—_____... Me estás humillando...–dice mientras los niños perdidos se ríen a carcajadas.

Me separo de él y reviso si tiene algún daño.

—Vale, estás bien–digo aliviada.

—Claro que estoy bien. Tengo seis años, puedo cuidar de mí mismo.

Se me escapa una pequeña risa, pero acabo diciendo que tiene razón. Ni de broma la tiene, pero tengo que aceptar que no puedo estar toda la eternidad encima suyo y que tarde o temprano tendrá que aprender a protegerse él solo.

—_____, ¿dónde está Peter?–me pregunta mi hermanito.

—Sinceramente no tengo...

Mi voz se va apagando cuando escucho voces masculinas acercándose.

—Niños perdidos, Jack, poneos detrás mío–les ordeno a la vez que me pongo firme, preparada para atacar.

Siento como están tensos detrás mío, pero sé que también están preparados para cualquier cosa.

—¡Pero si es Peter!

Nada más verlo, los niños me apartan para abrirse paso hacia su líder. Cuando ven que detrás de él están los piratas, frenan en seco.

—¡Peter! ¡Tienes a los piratas detrás tuyo!–dice Conejo alarmado.

Tras escuchar el aviso, Peter hace contacto visual conmigo. Supongo que le sorprende que no les haya contado nada o simplemente no sabe como actuar ahora y está buscando apoyo, cosa que no va a encontrar, al menos no de mi parte.

Cuando está apunto de hablar, aparece de detrás suyo la nueva capitana.

—Hola, niños–los saluda sonriente mientras se acerca a ellos, quienes van retrocediendo a cada paso suyo–. Tranquilos, no tengáis miedo, ahora somos amigos. ¿A que sí, Peter?–pregunta dirigiendo la mirada al niño volador.

—¿Amigos? Ja, sí, claro–se burla Zorrillo.

Scarlett dirige su mirada penetrante a éste y hace que el pobre niño se encoja.

Me acerco a los niños y hago que retrocedan y se vuelvan a colocar detrás mío.

—¿Qué hacéis aquí?–pregunto antipáticamente.

—Veníamos a hacer las paces con el jefe indio. Parece que no lo entiendes, emm... ¿____, verdad? Nosotros lo que queremos es una buena convivencia. Yo creo que el antiguo capitán no dirigía bien a su tripulación y que han tenido la suerte de poder encontrarse conmigo. ¿A que sí, camaradas?

—¡Sí, mi capitana!–responden al unísono.

—Además, no entiendo porqué estás tan molesta. Yo no veo que nadie se queje. ¿Tú te quejas, Peter?–pregunta con ese maldito tono coqueto.

Ambas miramos al niño volador y veo como traga saliva nervioso. Sí, sí, tú estate nervioso, que verás la que te espera cuando estemos solos.

—Bueno—dice volviéndose a mí-, si nos disculpas, tenemos una conversación pendiente con el gran jefe indio. Ya nos veremos–se despide con voz cantarina.

Pasa por mi lado y su tripulación y Peter la siguen.

—Te odio–susurro con rabia–. Averiguaré lo que estás tramando y te derrotaré. Aunque sea lo último que haga.

Capítulo 4

Casi le doy en el centro.

Hacía años que no jugaba a la diana y nunca había jugado con cuchillos, pero no se me da mal. Si sigo practicando podría llegar a ser buena. No soy una chica con mucha fuerza, pero tengo bastante puntería y me podría servir de gran ayuda.

Me queda un cuchillo por tirar. Cierro el ojo izquierdo para poder visualizar mejor el centro de la diana improvisada que he dibujado en la pared.

Hago el ademán de tirar el cuchillo unas tres veces hasta que acabo tirando con todas mis fuerzas el arma. Toca el medio de la diana y el impacto resuena justo cuando alguien entra en el árbol.

—¡Diana!–exclama Peter.

Lo miro durante un segundo y aparto la mirada, como si no me importase.

—¿Qué te pasa?–pregunta acercándose a mí volando.

¿De verdad me lo está preguntando?

—No sé, tú sabrás–le contesto enfadada.

—Si lo supiera no te lo preguntaría.

Suspiro cansada.

—¿De verdad crees que esa capitana de pacotilla…

—Scarlett–me interrumpe.

—… quiere que haya paz en el País de Nunca Jamás?–termino la pregunta.

—¿Por qué no lo iba a querer?–pregunta mientras coge una manzana de un cuenco.

—¡Porque es una pirata! ¿Cuántos piratas has conocido que no sean malos?

—Dos: el ex capitán Garfio y el señor Smee–contesta y da un mordisco a la manzana.

—El capitán era malo. Pero, bueno, permíteme que cambie la pregunta: ¿Cuántos piratas has conocido que no engañen a los demás para conseguir lo que quieren?

Se queda en silencio mientras mastica la fruta.Mantengo la mirada y me cruzo de brazos.Traga lo masticado y deja la manzana encima de la mesa para después acercarse a mí.

—_____, ¿confías en mí?–me pregunta mientras me agarra de los brazos delicadamente para deshacer el cruce de estos.

Relajo la expresión enfadada. Odio no poder estar el suficiente tiempo enfadada con él.

—Sí, claro que confío en ti–mi mirada, que estaba posada en sus preciosos ojos, pasa a estar posada en el collar cuelga de su cuello–. Pero no confío nada en ella.

—Llevo meses observándola porque me parecía muy raro que no atacaran los piratas. Tuvimos algunos encuentros, no hablamos, solo me miraba y lo hacía como si me conociese. No sé como explicarlo, pero siento como si la conociese de siempre... No lo entenderías.

No puedo evitar sentir como si me pegasen un puñetazo en el pecho. Nunca pensé que sería mal recibida y que habría otra chica que me arrebataría mi primer amor.

No sé porqué pero lo que más me ha dolido es que dijera que no lo entendería. Lo dice como si fuera pequeña, como si nunca hubiera sentido nada. ¿Qué se cree? El que en teoría no lo puede entender es él, ya que es un niño y siempre lo será, según él.

Carraspeo y me alejo de Peter. Me acabo de dar cuenta de la poca distancia que nos separaba.

—Puede ser que no lo entienda–digo y me dirijo a la salida.

—¿A dónde vas?–pregunta aún en el mismo sitio.

—A dar una vuelta. Por cierto, los niños perdidos dijeron que iban a la laguna de las sirenas, por si quieres ir con ellos.

Tras decir eso cojo la espada que me llevé del barco pirata y salgo de mi nuevo hogar.

Mientras camino por la isla voy dándole vueltas a todo lo sucedido. ¿De qué iba a conocer Peter a esa? La primera chica que conoció fue a Wendy. Mi abuela. Él no sabe que dos de sus tres únicas amigas han muerto. Aunque parece que ni se acuerde de que han existido. Ni siquiera estaba alegre de verme, seguro que piensa que soy una carga.

Me topo con un tronco y lo primero que se me pasa por la cabeza es darle estocadas. Doy una tras otra hasta que me doy cuenta de que estoy llorando.

No quería que pasara nada de esto. He perdido a todos. Bueno, a casi todos, por suerte todavía tengo a Jack.

Me seco las lágrimas de mis mejillas con la mano y me intento relajar.

Me dispongo a seguir con mi ruta cuando escucho una rama partirse. Me pongo en guardia y atenta.

—¿Peter?–pregunto en voz baja.

No debería de haber hablado. Es imposible que sea Peter, él siempre va volando a los sitios. Además, ¿por qué iba a venir a buscarme?

—Venga, quien quiera que seas, sal ya. No seas cobarde–digo en voz alta.

De entre los arbustos sale un chico con los brazos alzados como signo de paz. Igualmente, yo lo sigo apuntando con mi nueva espada.

—¿Quién eres?–me fijo en su vestimenta y sé perfectamente que no es un indio y mucho menos un niño perdido–. Pirata...

—Buena observación, señorita Anderson–contesta burlón, aún con los brazos en alto.

—¿Por qué todos saben mi apellido?–pienso en voz alta–. ¿Qué quieres de mí? Si me tocas un pelo estarás rompiendo el pacto que hicieron tu capitana y mi líder–le advierto mientras él se acerca lentamente a mí.

Me parece extraño que sea tan joven, los piratas suelen ser unos viejales. Además, juraría que nunca he visto a este chico, sino me acordaría.

Cuanto más se acerca, más fuerte agarro la empuñadura de la espada.

—¿Quién dice que he venido a hacerte daño? Solo estaba buscando a Peter Pan para enviarle un mensaje cuando he escuchado la voz de una niñita chillar y unos golpes–dice con sonrisa burlona.

Me aparta lentamente la espada y me pone la mano en frente para presentarse.

—Gideon Smith, mano derecha de mi capitana-se presenta aún manteniendo la mano en el aire.

—____ Anderson, como ya sabes–le tiendo la mano desconfiada.

Lo miro durante un segundo. Ahora que lo veo más de cerca sí que me resulta familiar...

—Tú...

—Yo–bromea.

—Tú estabas en el camarote cuando hablé con tu capitana–digo recordando el momento que empujé a alguien para salir de esa habitación.

—En efecto, nunca me separo de mi capitana, a menos que ella me lo ordene–dice firmemente.

—Vamos, que eres su perro faldero–esta vez soy yo la que muestra una sonrisa burlona.

No parece que le moleste mi insulto, todo lo contrario, parece hacerle gracia.

—Se le podría llamar así, sí. Pero no me quejo, me cuida bien y soy respetado. ¿Y tú qué? ¿Te sientes querida y respetada?–pregunta con retintín.

Me pilla desprevenida y acepto que me ha dolido, pero no dejo que vea que me ha afectado un poco. ¿Pero cómo lo ha sabido? ¿Tan obvio es?

—¿Yo? Muchísimo. ¿No has visto cómo me quieren los niños perdidos? Son como si fueran mis hijos–respondo con una sonrisa un poco forzada.

—Sí... Seguro...

Me sigue mirando con esa sonrisa burlona. Y yo le sonrío falsamente.

—Bueno, ¿no tenías que buscar a Peter? A ver si tu señora te va a castigar por la tardanza.

—Tienes razón. Le daré recuerdos a Peter de tu parte. Un placer conocerte, señorita Anderson.

—Que mala suerte que no sea mutuo. Hasta otra.

Oigo como se ríe mientras camina en dirección contraria a la mía.

—Imbécil...–susurro.

¿Qué les pasa a los chicos? O son muy críos y distantes o muy irritantes y burlescos. Eso sí, todos son insoportables.

Me giro y veo como se aleja. Suspiro negando con la cabeza y sigo con mi camino.

Capítulo 5

Sigo caminando sin rumbo alguno. Me estoy cansando de tanto caminar, pero tampoco sé a dónde ir. Podría ir a la laguna de las sirenas con los niños, pero no creo que me lo pase bien. Las sirenas me odian.

Así que decido ir hacia la playa, me apetece ver las olas. No me demoro mucho en llegar, ya que tampoco estaba muy lejos de mi destino.

Cuando llego, me acerco a la orilla y dejo que el agua fría del mar me bese los pies. Lo bueno que tiene Nunca Jamás es que no hace el frío que suele hacer en invierno ni el calor que suele hacer en verano. Parece que siempre sea primavera y eso me encanta.

Me quedo un rato sentada en la arena mientras observo el horizonte, pensando.

Me es inevitable no pensar en como ha cambiado mi vida y por mucho que me duela, no lloro. He llorado antes y las lágrimas que he derramado eran las últimas que me quedaban. Es extraño, bueno, más bien soy extraña. Suelo sentir todo de manera muy intensa y si algo me duele siento como si me estuvieran apuñalando en el pecho, pero no suelo derramar ni una sola lágrima. No es que no quiera, es que no puedo, mi organismo no me lo permite. Por eso sé que desde hoy, no voy a llorar más hasta dentro de mucho tiempo. Sufrir puede ser, pero llorar no lo creo.

Un cacareo hace que salga de mis pensamientos y me dé cuenta que se está poniendo el sol. No tardará en ser de noche, así que debería volver para que no me pase nada. Aunque en verdad, si han hecho las paces no tiene porqué pasarme nada. Pero por muchos pactos que hagan, sigo sin sentirme a salvo. Los piratas no son de fiar.

Así que me dispongo a volver a la casita subterránea.

Lo bueno de ya haber dado un repaso a la isla es que no creo que me vaya a perder, por mucha vegetación que haya.

Tenía pensado ir directamente a mi nueva casa, pero algo dentro de mí me dice que vaya a otro sitio. Así que me desvío del camino y voy hacia la derecha, donde me aguarda un enorme y precioso árbol.

Es tal y como lo recordaba. Todo el paisaje está iluminado por la luz que desprenden las hadas. Me acerco al árbol y miro su interior. Sigue estando la cascada dorada y, si no recuerdo mal, es de ahí de donde sale el polvo de hada.

Sonrío ante el recuerdo de Peter y yo bailando. Ahora que lo pienso, fue bastante romántico.

El contacto de una mano en mi hombro hace que pegue un respingo y apunte con la espada al causante.

Bajo el arma al percatarme de quién es. Nunca la había visto, pero sí me la habían descrito.

Es una chica hermosa de piel morena y su cabello castaño está recogido en dos coletas bajas.

—Tigrilla—digo a modo de saludo.

—_____ Anderson, no llegaba el momento de nuestro encuentro.

Nunca había estado tan cerca de alguien de la realeza, así que no sé exactamente cómo comportarme y mucho menos tratándose de la hija de un jefe indio.

Hay un pequeño momento de silencio en el que ambas nos quedamos mirándonos sin saber exactamente que decir, en mi caso, o cómo decirlo, supongo que en el de ella. Su expresión seria hace que sienta un ligero escalofrío por la columna.

—¿Sucede algo?–pregunto para romper el silencio.

—Debemos hablar en un lugar más seguro.

Asiento seria para después seguirla entre los árboles.

¿Dónde estaremos yendo? No parece que me esté guiando hacia el campamento indio y si lo está haciendo puede ser que esté escogiendo otra ruta para despistar a los posibles perseguidores.

Sus pasos son rápidos, ágiles y silenciosos casi como si volase; en cambio, por mucho que yo intente no hacer ruido, acabo pisando hojas secas y ramas.

Cuanto más nos aproximamos a nuestro destino, más oscuro y denso es el ambiente. ¿A dónde me está llevando?

Salimos de entre la maleza y lo primero que vemos es una barca atada para que no se la lleve la marea.

—Vamos–me dice la princesa india.

Remamos en silencio y un poco a ciegas por culpa de la niebla.

Parece que Tigrilla ya ha venido antes, ya que la niebla no ha sido ningún obstáculo para ella. Aun sin poder ver nada, sabía perfectamente a la distancia que estábamos de nuestro destino. Hasta que no puse un pie en el suelo, no pude ver hacia dónde me habia llevado.

—Roca Calavera–digo impresionada mirando la enorme y espeluznante roca–.

—Nadie suele atreverse a venir a este lugar, y mucho menos cuando oscurece y por la madrugada.

—Bueno... ¿Tenía algo importante que decirme?–pregunto con curiosidad.

—Supongo que está enterada de todo el asunto relacionado con los piratas.

—Así es–digo intentando no dejar salir la furia.

—Y supongo que también desconfía de ellos.

—Sí–contesto ansiosa para que vaya al grano–. ¿Insinúa que están tramando algo malo?

—Insinúo que hace tiempo que lo están tramando y que ya han empezado a realizarlo.

—Pero... ¿Qué quieren? Me refiero, antes era porque el capitán quería regresar a casa... ¿Y ahora qué? No habéis hecho nada malo, ¿no?

—Me temo que no tengo ningún tipo de información sobre la nueva capitana del Jolly Roger y eso es lo que me preocupa.

Que Tigrilla diga que le preocupa hace que se me pongan los pelos de punta, ya que ella parece ser alguien que sabe mantener el orden.

—Creo que Peter me dijo que la estuvo espiando porque en un principio él tampoco se fiaba de ella-comento.

—Lo sé, me fue informando de todo lo que veía. Aunque a medida que iban pasando las semanas se le veía más curioso que confundido por la llegada de Scarlet.

Me es inevitable sentir una pequeña punzada de celos al escuchar las palabras de Tigrilla.

—Bueno, ¿y qué quiere de mí? ¿Por qué me ha hecho venir aquí?

—Quiero que te quedes al margen de todo esto.

Frunzo el ceño, confundida por su orden.

—¿Qué? ¿Por qué?

—Sé que actúas con benevolencia, pero eso no quiere decir que estés actuando bien. Tus actos impulsivos creados por los celos que te provoca la admiración de Peter en frente de esa pirata ponen en peligro nuestra futura victoria. Así que será mejor que hagas como si no pasase nada malo, tampoco de repente porque podrían sospechar, pero no hagas locuras.

Espera, ¿qué acaba de decir? Admito que me siento mal por el pésimo recibimiento de Peter, pero yo no actúo impulsivamente por tener celos de esa. ¡Ni siquiera actúo impulsivamente! Yo siempre me pienso mucho las cosas y era yo la que hacía que Peter no se lanzara al agua sin saber realmente con lo que se iba a encontrar.

Aunque si lo pienso mejor... Chillar para desfogarme no fue buena idea, ya que si hubieran querido matarme habrían sabido perfectamente mi localización.

Iba a recriminarle, pero como buena súbdita suspiré para calmarme y le contesté:

—Está bien, tiene razón.

—Promete que no harás locuras que hagan tirar por el suelo mi futuro plan.

—Lo prometo.

He prometido que no voy a hacer locuras que estropeen su plan, eso quiere decir que puedo hacer locuras que ayuden a desenmascarar a esa pirata de pacotilla.

Capítulo 6

Tras la charla con Tigrilla, regreso a la casita subterránea, donde no hay nadie.

Cojo una manzana del cuenco de frutas, el cual está al lado de la manzana mordisqueada por Peter.

Mientras como, me detengo a mirar el ambiente.Nunca Jamás es el lugar que más me une a mi familia y no dejaré que nadie me lo arrebate y lo destruya.Eso me hace pensar en que los piratas saben donde está este refugio que en teoría era secreto. No estamos seguros en este lugar.

Cuando termino de comerme la fruta, me dispongo a ir a la laguna de las sirenas. Espero que aún estén allí y que Jack esté con ellos. No sé cómo he podido dejar a mi hermano pequeño con ellos.

Corro hasta que veo una gran cascada y rocas, y escucho risas.Me paro en frente del lugar, mirando preocupada todas las caras, en busca de una en específico.

Me relajo al ver a Jack admirando a una sirena que le muestra vanidosamente piruetas.

Me acerco a ellos saltando de roca en roca, procurando no caerme ni mojarme.

Las sirenas se percatan de mi presencia y me miran seriamente. Esto hace que mi pequeño hermano mire hacia la misma dirección y que su rostro se le ilumine al verme.

—¡____!–grita mi nombre mientras alza sus brazos y los mueve para llamar mi atención.

Consigo llegar sana y salva hacia él. La verdad es que tenía miedo de que las sirenas la tomaran conmigo.

Una vez que lo tengo delante lo alzo para poder abrazarlo mientras él me rodea la cintura con sus pequeñas piernas y me agarra del cuello delicadamente.

—¿Te lo estás pasando bien?–le pregunto con una sonrisa.

—¡Sí! Hemos estado jugando con las sirenas y ¿sabes qué?–me pregunta entusiasmado, cosa que provoca una pequeña risa de mi parte.

—¿Qué?

—¡He conocido a un pirata! ¡A un verdadero pirata! Pero no era viejo y cascarrabias como nos contaba mamá.

Me tenso al escuchar la información salida de los labios de Jack.

—¿Qué? ¿Te ha hecho algo? ¿Qué te ha dicho?–pregunto preocupada.

—¡Qué va! No habría podido conmigo–contesta orgullosamente, aunque mi preocupación hace que no reaccione con una sonrisa burlona.

—Jack, ¿sabes por qué ha venido?–pregunto mientras lo dejo en el suelo y seguidamente me agacho para quedar a su altura.

—Quería hablar con Peter–dice distraído mientras mira a los niños perdidos siendo arrojados al agua por las hermosas pero siniestras criaturas.

—¿Y sabes de qué quería hablar?–Jack sigue mirándolas mientras se ríe–. Jack, préstame atención, esto es importante-esto último hace que me mire con el ceño fruncido.

—¿Por qué? ¿Le ha pasado algo a Peter?

—No, no. Solo... me gustaría saber qué quería y ya está. ¿Tú lo sabes?–insisto.

—Nop, se apartaron de nosotros y yo me quedé aquí jugando-se le iluminan los ojos-. ¿No es genial, ____? ¡Las sirenas existen! Son... son...–intenta decir eufórico.

—¿Bellísimas?–termino por él mientras contemplo a las mencionadas. Se me ponen los pelos de punta.

—Sí–dice suspirando-. ¡Y son muy divertidas!

—Cuando no intentan ahogarte...-digo en voz baja-. Bueno, me alegro que te lo estés pasando tan bien aquí. Solo necesito una cosita más y te dejo para que sigas jugando, ¿vale?

—Vale-contesta alegremente alargando la última vocal–, ¿el qué?

—¿Sabes dónde se ha ido ese pirata?

—¿Te gusta?–pregunta con mirada picarona.

—¿Qué? ¡No! Jack, ¿cómo puedes pensar eso? Solo quiero hablar con él.

—Vale, vale, solo preguntaba. Dijo algo de que tenía que vigilar el barco porque la capitana no estaría allí para hacerlo o algo así.

—Muchas gracias, mocoso–digo para después darle cortos besos por la cara.

—¡____! ¡Qué vergüenza!–exclama mientras intenta zafarse de mi agarre.

Finalmente, lo consigue y sale corriendo en dirección a los niños perdidos.

—¡Adiós, eeeh!–me despido con una sonrisa.

—¡Adiós!–me devuelve desde la distancia.

Me doy la vuelta con una pequeña sonrisa para dirigirme al Jolly Roger.

Me parece extraño que el pirata descerebrado haya dicho su paradero, tal vez todo esto sea una trampa. Aunque a la vez pienso que no lo puede ser, es demasiado pronto para mover ficha.O a lo mejor le dio esa información a Peter mientras se despedían para que solo él lo supiera y Jack lo escuchó, como niño curioso que es.

Cuando termino de darle vueltas al asunto, me encuentro ya en la orilla, observando al grandioso barco flotando en el agua.

Mierda, ¿y ahora cómo llego hasta allí?

Me doy una palmada mental. No puedo volar sin polvo de hada y Campanilla no está aquí, seguramente estará con Peter y no quiero que se entere que estoy actuando a sus espaldas.

Tendré que nadar. Debería de encontrar algo que flote para agarrarme.

Por suerte, me encuentro con un tronco lo suficientemente grande para que me pueda agarrar con las dos manos.

Me quito el calzado, cojo el tronco y me acerco más al mar.

—Esto es una muy mala idea–digo en voz alta arrepintiéndome de lo que voy a hacer.

Esto no es una playa cualquiera, me puedo encontrar con un cocodrilo o un pulpo gigante que quieran comerme.

—Venga–suspiro–, tú puedes. No va a pasar nada.

Corro para zambullirme al agua antes de que acabe arrepintiéndome.

Tengo la suerte de que el mar está en calma, supongo que es porque Peter también lo está y, por una vez, me siento agradecida de que así sea.

Pensaba que tardaría más en llegar, aunque es cierto que estoy exhausta.

—Oh, mierda–digo mirando desde abajo el enorme barco–. ¿Y ahora cómo subo?

Soy idiotamente impulsiva e impaciente. No podía ir a buscar a Campanilla, no, tenía que ir nadando.

Nado alrededor del barco mientras pienso en cómo subir. Solo espero que no venga ningún animal marítimo deseoso de carne humana.

—Gracias a Dios–suspiro mirando la cadena del ancla que mantiene al Jolly Roger quieto en el mar.

Me suelto del tronco y me agarro fuertemente a la cadena mientras miro hacia arriba.

Esto va a costar.

Suspiro para relajar mi corazón palpitante y seguidamente empiezo a escalar.

Las manos me duelen horrores a medida que voy avanzando. No creo que soporten más mi peso.Siento como se me van resbalando a causa del agua y del sudor.

—No, no, no–mis manos se sueltan–. ¡No!–exclamo mientras caigo al agua dejando paso a un "¡paf!" sonoro.

Espero que no hayan oído que algo caía al agua, pero por si a caso me quedo sumergida unos segundos.

—Venga, a la segunda va la vencida, _____. En verdad es a la tercera, pero ni ganas de volver a caerme.

Vuelvo a repetir lo anteriormente hecho, pero esta vez más rápido.

—Ya queda menos... Ya queda menos–susurro mientras miro suplicante el final de la cadena.

Con dificultad pongo una mano en la madera del barco y después me agarro con la otra para así poder subir.

Consigo pasar una pierna y tocar el suelo por fin.

Me desparramo en el suelo y suelto el aliento que llevaba conteniendo durante toda la subida.

Cuando logro recobrar fuerzas pienso en lo tonta que soy. Mucha discreción quería y he acabado lanzándome al suelo como una idiota.

Me levanto rápidamente y veo que me encuentro en la proa del barco.

Miro a mi alrededor y extrañamente no hay nadie. Tal vez la capitana Scarlett se los llevó con ella y por eso su perrito faldero tenía que vigilar el barco, aunque tampoco lo veo a él.

—¿Qué estoy haciendo aquí?–me pregunto.

Tengo la extraña manía de no saberme estar quieta y mucho menos si me inquieta un tema que parece no inquietar a nadie más. Aunque justamente eso hace que tome decisiones sin saber exactamente a dónde me pueden conducir. Tal vez tenía razón Tigrilla diciendo que soy impulsiva, característica que no sabía que tenía y parece ser que ella sí.

Desenvaino la espada que me había atado a la cintura antes de ir a la laguna de las sirenas y me voy acercando sigilosamente a la entrada al camarote del capitán.

Mientras intento escuchar algún tipo de sonido que me alerte de la presencia de alguien, me maldigo por los crujidos que suelta el parqué cada vez que doy un paso.

Tras unos segundos que se me han hecho eternos, me encuentro en frente de una puerta abierta que da paso al glamuroso camarote del capitán del barco.

Me adentro lentamente y empuñando con fuerza la espada.

En un abrir y cerrar de ojos me encuentro sorprendida, desarmada y arrinconada contra la pared a causa de una espada afilada amenazando con rebanarme el cuello.

Contengo el aliento mientras miro a los ojos verdes y feroces del causante.

—¿Anderson?—pregunta Gideon confundido para después separarse de mí–. ¿Qué haces aquí?

—Eso me pregunto yo...–digo para mí mientras me toco el cuello, buscando alguna herida.

Su expresión cambia a una de burla.

—Me dijeron que eras buena con la espada. Te has oxidado un poco, eeeh.

¿Pero este de qué va? Ni que fueramos amigos para que se esté burlando de mí.

—Eso parece–contesto rudamente sin seguirle el juego, aunque parte de esa reprimenda va para mí misma. Tengo que practicar.

Parece que mi comportamiento frío le devuelve a la realidad y se acuerda de que soy una intrusa.

—Bueno–empieza diciendo mientras se acerca a la puerta para después cerrarla con llave, cosa que me alarma–, como has entrado sin permiso a saber para qué, debes quedarte aquí hasta que mi capitana me ordene qué hacer contigo.

Capítulo 7

Me vas a tener retenida aquí?–pregunto alterada.

—Por supuesto. Es lógico, ¿no? ¿Tú qué habrías hecho en mi lugar?–pregunta alzando una ceja.

No contesto porque sé que habría hecho lo mismo que él. Hasta lo habría atado a una silla.

—Bueno, ¿y cuánto va a tardar en venir?–pregunto para saber cuánto tiempo tengo para idear un plan de huida.

—No estoy muy seguro. Tenía cosas que hacer–frunce el ceño y sacude levemente la cabeza–. Oye, aquí soy yo quien hace las preguntas.

—Adelante–vuelve a alzar una ceja burlonamente para ocultar su sorpresa–. Tampoco te las voy a responder–termino diciendo a la vez que me cruzo de brazos y me apoyo en la pared.

—Eso ya lo veremos.

Da un paso hacia a mí, lo que hace que me separe de la pared para ponerme firme, preparada para cualquier cosa.

—¿Qué estás haciendo aquí?–empieza con el interrogatorio un poco más cerca de mí y observándome con suma atención.

—Me apetecía echarle un vistazo al barco–digo mientras miro el camarote–. Muy bonito, por cierto. Me gustaba más el camarote como estaba antes, pero no está mal.

No me conseguirá sonsacar nada porque tampoco sé exactamente por qué he venido aquí.

Achina un poco los ojos y da paso a una gran sonrisa. Está tramando algo.

Después camina mientras observa el entorno con la misma sonrisa burlona.

—A mí me gusta así–hace una pausa para dar más dramatismo a la escena–. Jack estaría de acuerdo conmigo.

Escuchar el nombre de mi hermano salir de sus labios hace que mi corazón se dispare.

En menos de un segundo me encuentro agarrándole del cuello con una mano mientras lo presiono contra la pared.

—Si le tocas aunque sea un solo pelo, te mataré... muy dolorosa y lentamente–amenazo mirándole directamente a los ojos mientras aprieto el agarre.

El muy idiota suelta una risa, cosa que hace que le estruje aún más la garganta por la rabia y empiece a toser.

—Ya veo... Que no eres mucho de... Bromas–dice entrecortadamente, intentando coger aire.

¿Debería ahogarlo?

Mantengo aún mi mano rodeando con fuerza su cuello mientras me muestra una inquietante sonrisa.

Su rostro se empieza a tornar rojo y las venas se le marcan mucho. Me asalta un ápice de terror, así que aparto de golpe la mano, dejando que respire.

Gideon se ríe mientras tose.

—Demasiado débil.

—¿A caso quieres que te mate? Me facilitaría las cosas, la verdad–digo mirándole con desprecio.

—Tampoco serías capaz–me reta con la mirada.

Se la mantengo desafiante. Claro que no sería capaz.

—Si la ocasión lo requiriera sí que sería capaz. Si te matase ahora mismo porque me place me estaría poniendo a vuestro nivel. Yo no soy una pirata–me defiendo.

Noto como alza las cejas asombrado por la respuesta, pero rápidamente cambia su expresión a una seria e inmutable.

—Si tan malos somos, ¿por qué no me he defendido aun sabiendo que me podrías haber matado? ¿Por qué no te he atado y torturado para sacarte información? ¿Y por qué los piratas estamos dispuestos a estar en paz con todos?

—Sencillo. No te has defendido porque disfrutas enseñándome mis debilidades. Y no me has torturado porque sabes que podría poner en peligro vuestro supuesto pacto de paz y perderíais la confianza de Peter–respondo.

—Te falta una respuesta, señora sabelotodo–dice aún con el semblante serio.

—La respuesta a la última pregunta prefiero quedármela para mí si no te importa–digo recordando las palabras de Tigrilla. No debo actuar impulsivamente o sino echaré a perder lo que la princesa india planea.

—Bien–suspira cansado–. Ya que no parece que vayas a colaborar ni que dejes de verme como un pirata cruel y sádico, tendré que comportarme como tal.

Frunzo el ceño confundida y cuando se acerca a mí me alarmo.

—No te atreverás–digo seriamente y noto como mi voz se entrecorta por el miedo.

—Según tú, sí.

Miro hacia la izquierda para buscar algún objeto que me sirva como arma, pero Gideon es mucho más rápido que yo y no me da tiempo a coger nada.

Me agarra del brazo y me acerca fuertemente hacia él a la vez que me da media vuelta.

Intento zafarme del agarre pero solo logro que me retuerza la muñeca y me coja el otro brazo para inmovilizarme.

Empiezo a darle patadas por detrás e intentar pisarle los pies.

Por muchos intentos que haga, no logro evitar que me siente en una silla y consiga atarme, ya que como se estaba cansando de mis forcejeos, acabó recurriendo a amenazarme con cortarme el cuello. Por no creerlo ahora mismo tengo un tajo en el brazo y me duele horrores.

Lo miro furibunda.

—No me mires así. Estoy actuando tal y como crees que lo haría. Deberías de estar contenta por tener razón–dice apretando la mandíbula mientras pasea de un lado a otro. Si hasta parece que le hayan afectado mis comentarios.

—Como si mi opinión importase–suelto yo.

Frena en seco y me mira frunciendo el ceño.

Abre la boca para decir algo pero lo detiene la puerta abriéndose.

Mi expresión pasa de furiosa a sorprendida y de sorpendida a molesta.

—¿____?–pregunta Peter confundido.

Anda, si se acuerda de mi nombre. Mejor dicho, se acuerda de mi existencia.

No contesto, me limito a apartar la mirada altivamente para dirigirla a su acompañante, bueno, más bien a su anfitriona.

—Bueno, ya que está aquí, capitana Scarlett, tu segundo al mando me puede liberar–digo dirigiendo la mirada a un Gideon firme, siempre a disposición de su superior.

Scarlett lo mira y le hace un asentimiento de cabeza. Éste se acerca a mí y empieza a quitarme los amarres.

—Esto no va a quedar así–digo de tal forma que solo me pueda escuchar él a causa de nuestra proximidad.

Hace oídos sordos y termina liberándome por completo.

—¿Por qué la señorita Anderson estaba amarrada y herida?–pregunta la capitana.

—Se había colado en vuestros aposentos, mi capitana. Intenté saber el porqué, pero no atendía a razones. No tuve otra elección–se explica Gideon con un tono neutro. Parece un ser sin alma ni corazón, como si hubiera sido creado solo para obedecer las órdenes de su superior. Se me ponen los pelos de punta.

—Bien. Puedes descansar, Gideon.

Seguidamente, éste sale del cuarto sin mirar atrás.

Miro a Peter, quien se muestra sumamente callado.

—Ay–suspira Scarlett–. ¿Qué vamos a hacer contigo, ____?

Frunzo el ceño por décima vez, exasperada. Lo dice como si fuera la hija rebelde de una familia.

—Mejor me la llevo casa–habla por primera vez en todo este rato Peter.

Suelto una risa molesta. ¿Ahora qué soy? ¿La oveja descarrilada?

—Ha sido una mañana agradable y productiva. Espero repetirla pronto–se despide la pirata con una sonrisa amistosa de Peter.

El niño asiente para después salir del camarote. Yo le sigo, no sin antes lanzar una mirada recelosa a la chica.

Cuando salimos, veo que todos los piratas han regresado y me observan de distintas maneras: algunos, curiosos; otros, con sed de sangre.

Peter y yo no decimos ni una palabra en todo el trayecto hasta la casita subterránea.

Una vez allí, miro el entorno vacío.

—¿Y los niños perdidos?–hablo yo primera.

—Les he dicho que se diviertan por allí–contesta mientras coge un trozo de tela de la mesa y lo remoja en un cuenco lleno de agua.

Se acerca a mí y me coge el brazo para mirarme la herida.

Cuando intenta acercar la tela mojada a mi brazo me aparto bruscamente.

—Puedo hacerlo yo sola–como llevo haciendo las cosas desde que llegué.

Miro a los ojos azules y cansados de Peter rudamente.

—Pero quiero hacerlo yo–contesta pasivamente.

Me trago mi orgullo y le tiendo el brazo ensangrentado.

Me limpia el daño en silencio y con expresión calmada y concentrada.Yo observo cómo da toques suaves en el corte para no hacerme daño.

Me escuece.

—No es profundo. No creo que tarde en curarse–me informa mientras me ata la tela donde la herida.

El pirata me podría haber hecho más daño. Qué digo, me podría haber matado, pero no lo hizo. ¿Por qué?

_____, no seas tonta, si te hubiera matado habrían declarado la guerra a todos los habitantes de Nunca Jamás.

Cuando termina de curarme, se aparta de mí y nos quedamos un rato mirándonos, sin saber qué decir.

—Lo siento–termina diciendo él.

Alzo las cejas sorprendida. ¿Peter pidiendo disculpas?

—Lo siento por hacer como si no estuvieras. Es solo que... No me lo esperaba.

—No debería de haber vuelto–digo con amargura.

—No digo que no me alegre de verte, _____–dice con el ceño fruncido.

—Pues lo parecía.

Nos quedamos en silencio. A tomar por culo, voy a decir lo que pienso.

—Mira, te voy a ser sincera. Con todo lo que vivimos... Pensaba que te alegrarías de verme y que me tratarías... No sé, de otra manera. Yo sí que me he llevado una sorpresa.

Sigue sin decir nada. Puedo ver en sus ojos arrepentimiento y vergüenza, pero no por cómo es ahora, sino por cómo fue antes.

—Te arrepientes–digo sorprendida y dolida. Él sigue con expresión seria y callado–. ¿Sabes qué? Voy a dejar de intentar descubrir qué traman los piratas. Eso es lo que querías, ¿no? Pues bien, has ganado. Habéis ganado. Ya te puedes ir con tu nueva mejor amiga. Yo me voy de aquí.

Y dicho esto cojo una espada del lugar y salgo de la casa con el corazón en el puño.

Este es el inicio de una vida sola en el país de Nunca Jamás.

Capítulo 8

Mi respiración es lenta y continua. Empiezo a oír el canto de los pájaros y mis ojos cerrados comienzan a notar el resplandor del sol.

Creo escuchar un pequeño chirrido pero hago caso omiso y, aún somnolienta me cambio de costado para estar más cómoda.

Abro de golpe los ojos y dejo escapar un gritito mientras me levanto hasta sentarme cuando una madera del tejado se cae justo a mi lado.

—¡Dios!

Miro hacia arriba y veo que se ha soltado uno de los amarres.

—Lo que me faltaba.

Me levanto a desgana para arreglar el estropicio.

Hace un mes aproximadamente, bueno, un mes en el País de Nunca Jamás, que decidí "independizarme".

Me hice una casa en un árbol cercano a la hondonada de las hadas, ya que antes de tener un lugar en el que vivir iba a menudo allí para pensar y me tranquilizaba ver esas hermosas criaturas, y acabaron viéndome como una amiga. Así que me ayudaron a crear mi nuevo hogar y están al corriente de todo lo que hago por si necesito alguna ayuda en cualquier momento.

Desde que me fui del refugio subterráneo he mantenido mi palabra y he dejado el tema de los piratas. Así que lo único que hago es coger suministros y encontrarme con mi hermano pequeño Jack para saber cómo está. Por suerte, él está encantado con esta vida y, como es de esperar, no se acuerda de nada de nuestra otra vida. Supongo que es lo mejor para él.

Yo sí recuerdo todo. Es cierto que siento que se me olvidan momentos vividos con nuestra familia, pero recuerdo cómo me sentía estando con ellos y cómo me sentí cuando los perdí. Pero ahora sé cómo mantener la mente despejada y apartar los sentimientos negativos.

En cuanto a la situación en este mundo, no me he tropezado ni una sola vez con nadie. Al principio me dio mala espina y admito que empecé a espiar a cualquier bando, pero vi que estaban todos bien, así que lo dejé estar.

También suelo ir a la Laguna de las Sirenas, pero no a donde van los niños perdidos. Buscando recursos vi otro lado mucho más hermoso y tranquilo. Al inicio las sirenas me rehusaban y querían... matarme, básicamente, pero vieron que yo no molestaba así que me dejaron en paz y viva.

Y esta es mi nueva vida. Es tranquila y sin sorpresas. No me quejo.

Agh, ¿a quién intento engañar? Es todo muy aburrido y me siento bastante sola aun teniendo la compañía de las hadas. Pero bueno, como muchos dicen: mejor sola que mal acompañada, ¿no?

Cuando termino de arreglar el tejado, me bajo de la casa, no sin antes coger la espada que robé del refugio subterráneo, y me dispuse a dar una vuelta por la isla. Tampoco tengo nada que hacer, ya que tengo comida y agua para un par de días más.

Me abro paso entre la vegetación mientras pienso en tonterías hasta que creo oír un grito.

Frunzo el ceño confundida y sigo con mi camino hacia la playa.

Cuando estoy a punto de llegar vuelvo a escuchar otro chillido de auxilio, esta vez más cerca.

Vislumbro en el mar, cerca del acantilado, dos figuras forcejeando. Una es una persona, específicamente un chico por su voz, y la otra no consigo reconocerla, pero no parece humana.

Miro hacia los árboles y con eso me basta para que un hada, la cual me estaba siguiendo, se me acerque.

—¿Te importaría rociarme? Creo que alguien necesita ayuda.

El ser mágico me saluda como un militar y me cubre de su polvo. Acto seguido le doy las gracias y me acerco rápidamente hacia la escena.

Cuanto más me acerco más doy las gracias por haber cogido un arma. Un pulpo gigantesco está intentando captar al chaval con sus pegajosos tentáculos para zampárselo.

Ya enfrente del combate, el chico me pide ayuda antes de ser ahogado en el agua.

—¡No!–dejo escapar por inercia.

No muy segura de lo que hago, desviar la atención del monstruo a mí hiriéndolo con la espada.

Tengo que ser rápida. Puede ser que el chico se haya quedado inconsciente en el agua y la única manera de salvarlo es matando al pulpo gigante.

Suelto un grito de guerra para armarme de valor con la espada bien alzada para después soltar una estocada a la pata que estaba a punto de derribarme.

El monstruo suelta un grito sobrehumano mientras le mana un líquido negro de la pata cortada.

Por suerte, eso es suficiente para que el animal se aleje y se dirija a su cueva o de donde haya venido para poder lamerse sus heridas.

Miro el agua para poder localizar burbujas o alguna señal del muchacho, pero no consigo ver nada.

—Mierda, mierda, mierda.

Miro la espada, pensando qué hacer con ella.

Termino soltándola al mar en movimiento para lanzarme de cabeza hacia éste.

Estoy tan nerviosa, tan preocupada y llena de adrenalina que ni siquiera me escuecen los ojos por la sal a causa de mirar debajo del agua.

Salgo del agua para coger una bocanada enorme de aire y volver a internarme.

Justo cuando estaba a punto de darlo por perdido consigo ver algo brillar a causa de la luz del sol reflejada. Un brazalete.

Buceo lo más rápido posible y extiendo el brazo lo máximo que puedo pero no logro cogerle y me estoy quedando sin aire.

Sin querer toso, haciendo que trague agua y mis pulmones me pidan clemencia.

Cuando tengo pensado subir a la superficie para no morir ahogada, veo una luz verde acercándose a mí a gran velocidad.

Al principio me asusto pensando que era el pulpo pidiendo una revancha, pero me doy cuenta de que el ser tiene una cola de pez enorme.

Una sirena.

No, no una sirena, hay dos.

Una se acerca al chico y lo agarra. No consigo ver que es lo siguiente que hace porque la otra sirena se pone en frente mío y me regala una mirada tranquilizadora. Acto seguido se acerca a mi cara y me besa.

Abro aún más los ojos sorprendida. No, no me está besando, me está dando aire.

Lo siguiente que hace es llevarme a la superficie. Una vez fuera, flotando en el mar, cojo la bocanada de aire más grande que he tomado en mi vida y empiezo a toser, escupiendo el agua que había entrado en mis pulmones.

Aún agarrada a mi salvadora miro hacia las otras dos figuras flotantes. También lo han salvado a él.

Miro agradecida y aliviada a la hermosa chica.

—Gracias–digo con un suspiro.

Me suelta con delicadeza y la otra sirena se acerca para darme al chico inconsciente. Acto seguido sueltan un sonido y se van nadando.

Yo, con dificultad, nado cogiendo al chico lo mejor que puedo hacia la orilla y una vez allí me desplomo un segundo en el suelo agotada.

Me alzo rápidamente.

Mierda, a lo mejor no respira y yo estoy aquí tomándome un descanso.

Me siento al lado de la víctima. No puede ser.

Acerco mi cabeza hacia su boca para notar el aliento y a la vez pongo los dedos índice y corazón para tomarle el pulso del cuello. Por si a caso una de las dos maneras lo he hecho mal.

Respira, pero su pulso es bajo. O al menos eso creo.

Empiezo a hacerle la reanimación cardiopulmonar varias veces. Y nada.

—Oh, venga ya, no me obligues a hacerte el boca-boca–suplico angustiada y preocupada.

Ya estaba acercando mi cara a la suya cuando, de repente, abre los ojos y se gira mientras tose y saca un montón de agua.

—Menos mal–digo aliviada y me siento relajada.

Instintivamente pongo mi mano sobre su espalda y le doy pequeños porrazos para ayudarle a echar todo el agua. Cuando acaba suspira cansado.

—¿Mejor?–pregunto con una sonrisa cordial.

—Me has salvado–dice con la respiración agitada y mirándome extrañado.

—Eh, sí, supongo–digo nerviosa–. Aunque he tenido ayuda de dos amigas.

Hay un largo silencio en el que nos miramos sin saber cómo continuar la conversación, el cual nos sirve para reponer fuerzas.

Su cara humilde de agradecimiento pasa a una burlona.

—¿Ibas a besarme?–pregunta con una sonrisa de lado.

—Agh–pongo los ojos en blanco–, si lo sé te dejo morir, pirata de pacotilla–digo mientras me levanto–. ¿Qué narices hacías con esa bestia lejos del barco y los otros? ¿A caso querías morir?

—Aaw, qué tierna, te preocupas por mí–se burla mientras se alza para ponerse a mi altura, bueno, en verdad él es más alto.

—Ni siquiera sabía que eras tú hasta que hemos llegado a la orilla, así que no te hagas ilusiones.

Inconscientemente miro el suelo en busca de la espada.

—Mierda–suelto en voz baja al recordar que se ha perdido en el mar.

Seguidamente, empiezo a caminar el camino de regreso a casa.

—¡Eh! ¡Espera!–grita Gideon alcanzándome–. ¿Adónde vas?

—No te importa–digo caminando más rápido.

—Sí, sino no preguntaría.

Suspiro cansada y molesta.

—A mi casa–termino contestándole.

—Hace tiempo que no te veo. ¿Peter te tiene presa desde que la liaste en el barco?–bromea con una sonrisa socarrona, mostrando sus dientes blanquecinos.

Por un instante pierdo mi cara de poker y pasa a ser una que dice "puñalada en el corazón", pero solo por un instante.

—Hace tiempo que me fui.

—Oh–suelta cambiando su expresión a una... ¿arrepentida?

Freno en seco haciendo que él quede unos pasos más adelante que yo.

—Bueno, me gustaría que siguieras con lo tuyo. No quiero que me acompañes y sepas donde vivo–le suelto sin un pelo en la lengua.

—Ah, ¿de verdad vas a regresar ya? Qué aburrida eres.

—Ja, ¿y qué sugieres que haga?–pregunto cruzándome de brazos y alzando una ceja con cara molesta.

—Ven conmigo.

La proposición hace que relaje la expresión y me asalte un pequeño nerviosismo.

—¿Contigo?–pregunto confusa, aún cruzada de brazos.

—Sí–dice sonriendo calurosamente acercándose a mí–. Pasa el día conmigo. ¿O caso tienes miedo?–me insta.

—¿Yo? ¿Miedo de ti? Ja.

—Perfecto–deshago el cruce de brazos no muy convencida de haber tomado una buena elección–. Pues entonces, venga conmigo, mademoiselle–termina diciendo alzando su mano hacia mí.

Lo miro unos segundos y él mantiene sus ojos verdes
mirando los míos sin mover su postura.

Suspiro. Tampoco pierdo nada.

Cojo su mano, aceptando definitivamente su propues-
ta.

Capítulo 9

A dónde estamos yendo?-pregunto cansada de caminar y apartar las ramas que interrumpen mi paso.

-Ya lo verás-dice con una sonrisa divertida-. No seas impaciente.

Suspiro pensando en dónde me he metido.No sé dónde me quiere llevar si he visto prácticamente todo lo que hay en esta isla. No es que sea muy grande.

Aunque mentiría si dijera que no me intriga saber el tour que tiene pensado hacerme.

Cada paso que damos se hace más cuesta arriba, literalmente. Creo oír el agua correr a lo lejos, aunque no estoy del todo segura porque el canto de las aves no me deja apreciar ningún otro sonido lejano.

Tengo ganas de preguntarle si queda mucho recorrido, pero no voy a parecer débil en frente de él, así que voy a tener que aguantarme.

-Vale-dice Gideon soltando un suspiro y girarse para verme-. Cierra los ojos-me lo quedo mirando frunciendo el ceño con desconfianza-. Venga, será solo un momento. No te voy a matar ni nada por el estilo. Lo juro-acaba alzando una mano rígidamente y poniéndose la otra en el corazón.

Suelto el aire que estaba reteniendo cansada y hago lo que me dice.

Noto cómo me rodea con un brazo la cintura e inconscientemente me pongo rígida. Con la mano sobrante agarra delicadamente la mía.

-Vale... Con cuidado...-dice mientras me guía hacia su destino procurando que no me tropiece ni me caiga-. No abras los ojos eeeh.

-Que nooo-digo cansada.

-Vale, vale. Solo me quería asegurar.

En un momento en el que el suelo ya es llano, Gideon me suelta de la cintura y la mano para colocarme mejor guiándome por los hombros.

Seguidamente se aleja de mí y lo único que siento es el aire envolviéndome tiernamente haciendo que mi cabello se mueva libremente. Eso significa que estamos cerca de la costa, además de que creo oler la sal marina desde aquí.

-Ya puedes abrir los ojos.

Los abro lentamente para que se puedan adaptar a la luz del sol y cuando estos se acostumbran doy un paso hacia atrás sobresaltada por lo cerca que estoy del acantilado.

¿Acaso me quiere matar?

Me giro furiosa hacia él, quien, en realidad, no tiene expresión de alguien con un plan malvado.

-¿Estás loco? ¡Casi me mato!

Pone los ojos en blanco para después acercarse a mí.

-De verdad que eres una persona muuuy cabezota-me coge de los hombros para girarme-. Mira-dice mostrándome el recorrido de un larguísimo río cristalino.

Maravillada me aproximo más hacia lo que creía que era un acantilado. Me arrodillo para poder tocar el saliente de agua, el cual es frío y claro.

Vuelvo a ponerme de pie para poder observar mejor el paisaje. El curso del río lleva a la costa donde descansa el Jolly Roger.

Desde aquí se puede ver toda la isla, es como si estuviéramos en el cielo.

Me giro para dirigirme al pirata que está a mi lado observando también el panorama con una expresión relajada.

-¿Por qué me has traído aquí? Además, podríamos haber venido volando. Tengo amigas hadas.

-Es el lugar más alto de Nunca Jamás-contesta aún con la mirada en el paisaje-. Tienes la sensación de estar volando sin estarlo realmente-dice esto último posando su mirada verde en mí.

En el silencio escucho los latidos de mi corazón golpeando fuertemente mi pecho mientras veo como me observa atentamente, sin despegar su mirada de mí ni un segundo.

Parece relajado al contrario a mí, que no sé dónde mirar para desviar su atención de mí.

Finalmente opto por carraspear y volver a mi yo orgullosa.

-Bueno, muy bonito y eso. ¿Ahora a dónde me llevas? Espero que sea un sitio con comida porque tengo hambre-digo apartando la mirada y poniéndome firme.

-Claro. Ya debe ser la hora de comer-comenta impasible como si esa escena incómoda no hubiera sucedido.

Nos quedamos quietos unos segundos más hasta que el pirata esboza una gran sonrisa.

-Ya sé dónde vamos a comer. Y conozco un atajo. ¡Vamos!-dice esto último a la vez que me agarra de la mano para arrastrarme.

Por suerte, no podemos subir más así que todo el recorrido son bajadas, aunque un poco costosas ya que el terreno es irregular.Aunque al conocer Gideon el lugar nos ahorra bastantes tropiezos de mi parte por culpa de grandes raíces y rocas mal posicionadas.

No tardamos mucho en llegar en la parte baja de la colina y menos hacia un sitio donde parecía que hicieran fuego por el humo que se vislumbraba desde la lejanía.

Finalmente paramos detrás de un frondoso árbol, donde recuperamos el aliento.

Me sorprendo al percatarme que estoy casi sin aliento porque estaba riendo mientras bajábamos corriendo como si fuéramos unos críos.

-Shhh-me manda a callar él también aguantándose la risa-. No nos pueden pillar.

-¿Quiénes?-pregunto aún sin aliento mientras miro hacia su dirección.

El fuego provenía de la campamento indio, quienes están preparando la comida para saciar su hambre.

Al percatarme de lo que quiere hacer lo miro horrorizada.

-No estarás pensando...

-¿No tenías hambre?-pregunta con una sonrisa maliciosa.

-Sí. ¡Pero no quería robar comida!-exclamo susurrando-. Y mucho menos a los indios... ¡Nos van a matar!

-¡Eso es lo divertido!-dice con los ojos brillantes.

-¿¡Que nos maten!?-digo al borde de un ataque.

-Oh, venga-dice dirigiéndose a mí-. Te creía por una valiente. ¿Te dan miedo un puñado de indios?-pregunta con voz burlona.

-Claro que no-suelto. En realidad sí-. Es que si nos pillan puede peligrar el tratado de paz-excuso.

-No creo que una pequeña gamberrada ponga en peligro la alianza-dice mientras mira el montón de comida caliente que hay en una cesta-. Además, ¿desde cuándo te preocupa eso? ¿A caso nos estás cogiendo cariño?-pregunta esto último mirándome con una sonrisa burlona.

-Ja, en tus sueños, pirata de pacotilla. Y ahora deja de mirarme así y piensa en como vamos a robarles la comida-digo tapándole los ojos con mi mano y después empujándole suavemente la cabeza hacia atrás.

Gideon empieza a inspeccionar cuidadosamente todo lo que podemos ver y parece encendérsele la bombilla.

-Vale. Tú serás el cebo-informa mientras busca algo en el suelo.

-¿Perdona?

Coge una pluma alargada de ave del suelo y me la intenta poner en el pelo de una manera que no se caiga.

-Bueno, más bien vas a infiltrarte. Así podré robar la comida tranquilo y después te haré una señal para que huyas.

No me parece un buen plan porque deja muchas cosas al azar, pero tampoco se me ocurre uno mejor.

-Está bien-digo, cosa que parece sorprenderlo-. Pero no parezco una india. Así que tendré que meterme en una cabaña para poder pintarme y vestirme como ellos.

-¿Cómo sabrás que no hay nadie en esa tienda?

-Lo sabré cuando entre-respondo encogiéndome de hombros y mi respuesta parece hacerle gracia.

Antes de que pueda decir algo más me dirijo sigilosamente a la tienda más cercana y agudizo el oído para saber si hay alguien dentro. Como parece ser que no hay nadie, entro y por suerte me encuentro sola ante una cabaña decorada con una simple mesa y una especie de perchero de madera.

En la mesa veo pinturas así que las uso para plasmar rápidamente los dibujos propios de un indio. Me resulta más difícil de lo que creía al no tener nada con el que mirarme pero tampoco tardo lo suficiente como para que me pillen.

Por ultimo cojo una cinta que había por ahí tirada la cual está adornada con una pluma y la deslizo por mi cabeza hasta dejarla a la altura de mi frente. Como plus, me hago una pequeña trenza y a ésta le coloco la pluma que me había dado Gideon.

Seguidamente salgo como si nada hubiera pasado y me encuentro con varios indios. Algunos hacen la comida, otros la dejan en cestas, y hay otros que cogen las cestas y las llevan a otro lado del campamento. También hay algunos tocando instrumentos para los que bailan y mujeres tejiendo y cuidando de sus hijos.

-¿Y ahora qué hago?-suelto en voz baja.

Me giro inconscientemente para mirar el árbol donde estábamos colocados el pirata y yo, pero no veo por ningún lado a Gideon.

Me asalta un atisbo de terror. No me habrá abandonado, ¿verdad?

Busco desesperadamente con la mirada al estúpido pirata. Suspiro aliviada al verlo escondido, mirando una de las cestas que están al lado de una mujer que cuida de un niño.

_____, ya sabes lo que tienes que hacer.

Me acerco a la mujer con una sonrisa humilde y me arrodillo en frente de ella.

-Buenas-saludo.

La mujer me mira con cara de pocos amigos, cosa que me pone más nerviosa.

Miro al bebé, el cual está llorando descontroladamente. Con razón la mujer tiene el humor de perros, tiene que estar harta de cuidar niños.

Intento hacer que el bebé me mire para poder hablarle y distraerle.

-Eh... Bonito. Bueno, ¿o bonita?-pregunto dirigiéndome a la mujer.

-Bonito-me responde tajante.

-Vale... Ey... Hola-dijo suavemente.

El niño, al oír una voz nueva, se calla para poder escucharme con curiosidad.

Sonrío al haber cumplido mi objetivo y se me ocurre quitarme la pluma de la trenza para llamar aún más su atención.

Estoy un ratito jugando con él hasta que una tos lejana me saca de mi ensoñación. Miro hacia la dirección de donde provenía el sonido y veo a Gideon con la cesta.

Seguidamente me despido de la mujer, quien parece más amable, y del bebé con una inclinación de cabeza y me voy rápidamente del lugar con una sonrisa victoriosa.

-Ha funcionado-digo sorprendida al llegar a su lado.

-No era difícil. Últimamente todo está muy tranquilo-comenta enseñándome la comida que ha robado.

Tenemos carne y pescado de sobras para comer.

-Vale. Será mejor que nos vayamos antes de que se den cuenta de que les faltan suministros-digo-. Así que... ¿Dónde tienes pensado ir?

-¿Isla calavera?-propone.

-¿No dicen que es un lugar peligroso?

-Bah, son unos exagerados-dice quitándole importancia.

-Está bien. Llamo a un hada y vamos.

Cuando me iba a poner dos dedos en los labios para silbar Gideon me detiene.

-No, no. Conmigo no vas a volar. Soy un pirata, lo mío es el agua no el aire.

-¿Y de dónde vamos a sacar un barco si el Jolly Roger está cogido, genio?

-Yo siempre tengo un as en la manga-acaba con una sonrisa socarrona.

Al cabo de lo que parecen unos quince minutos llegamos a la orilla.

-Ahora vuelvo-me avisa para después desaparecer en la niebla.

Se me ponen los pelos de punta.

-En este lugar parece que siempre sea de noche-comento a la nada.

Al poco rato escucho un ruido proveniente del mar.

-¿Gideon?-pregunto con un atisbo de miedo mientras me acerco lentamente al agua.

De la nada aparecen unos brazos que me cogen bruscamente haciendo que suelte un grito. Rápidamente suelto también un puñetazo a la persona que me está secuestrando.

-Joder, _____, que soy yo-suelta el pirata mientras se toca la mejilla, donde ha recibido el golpe.

-¡Y yo que sé! Podrías haber avisado. Eso te pasa por idiota.

-Ni bromas puedo gastar ya-dice aún con la mano en la cara. Acto seguido suelta una risa-. Menudo golpe, casi me sacas un diente.

-Cállate-contesto mientras se me escapa una sonrisa de los labios-. ¿De dónde has sacado la barca?-pregunto mientras miro nuestro transporte.

-Ya te lo he dicho, siempre tengo un as en la manga. Y ahora menos hablar y más remar-sentencia a la vez que me pasa uno de los remos.

Cojo de mala gana el remo para después ayudarlo a llegar hacia Roca Calavera.Cuando llegamos a nuestro destino se me viene a la cabeza mi quedada con la princesa Tigrilla y la conversación que tuvimos.

"Quédate al margen" me dijo. Sinceramente, nunca pensé seguir su orden pero terminé haciéndole caso. Y mírame ahora, comiendo con el enemigo.

Ese pensamiento hace que vuelva a la realidad y me es inevitable tensarme un poco.

-Está buena la carne-comenta el pirata.

-Mhm...-afirmo mientras como.

Terminamos de comer totalmente en silencio, cosa bastante incómoda, pero sinceramente no me apetece confabular más con el enemigo.

Sentada, apoyo las manos en el suelo para que aguanten parte de mi peso mientras miro el mar visto desde este tenebroso lugar.

Es extraño porque, en estos momentos, estar rodeada de niebla y oscuridad no me atemoriza, más bien me relaja. Logro vislumbrar pequeñas olas creadas por el ligero viento, el cual va desplazando la húmeda niebla.

De la nada vuelvo a recordar que no estoy sola, aunque lo parece ya que llevamos bastante rato estando en silencio. Así que miro a mi derecha para encontrarme a Gideon observándome.

-¿Qué?-pregunto más curiosa que molesta.

-Nada-contesta aún con su mirada posada en mí-. Te queda bien la ropa de india.

Como una estúpida miro mi vestimenta. Se me había olvidado que me había cambiado para pasar desapercibida en el campamento.

-Gracias-digo un poco avergonzada. Pero solo un poco.

Siento que el ambiente se vuelve a tornar un tanto incómodo así que decido que ya va siendo hora de irnos.

-Bueeeno...-empiezo mientras me pongo de pie, cosa que él imita-. Deberíamos irnos ya.

-Cierto-suspira el chico-. Se nos está haciendo tarde y todavía nos queda una parada más.

-¿Tarde?-pregunto confusa mientras nos metemos en la barca y empezamos a remar.

-En Roca Calavera el tiempo es distinto.

Ni tanto que lo es. Cuando llegamos a la orilla, el cielo estaba totalmente oscuro a excepción de las miles de estrellas que iluminaban la isla junto a la enorme luna llena.

-Al lugar que te voy a llevar te va a encantar-dice con una sonrisa blanca mientras caminamos a paso ligero.

-Si me vas a llevar a la hondonada de las hadas te aviso que se te han adelantado-comento recordando con el corazón en el puño el baile con Peter.

-Qué va. Ese sitio está muy visto-suelta Gideon, cosa que provoca mi desconcierto. ¿A caso todos llevan siempre a sus conquistas a ese lugar?-. Al que te llevo yo es mil veces mejor-dice muy seguro.

-Vaya suerte la mía-bromeo.

Poco rato después llegamos a un sitio muy conocido por mí.

-¿Me has traído a la laguna de las sirenas?-pregunto con un atisbo de decepción.

-Ya sé que vienes aquí siempre, ¿pero a que nunca has venido por la noche?

-Dicen que es peligroso-comento.

-Eso lo dicen porque no son lo suficientemente valientes ni fuertes como para arriesgarse-dice con altanería.

-¿Acaso tú sí?-bromeo también.

-¿Acaso tú no?-contesta con el mismo tono y regalándome una sonrisa socarrona.

Un chapoteo nos pone en alerta. Ambos miramos rápidamente el mar, de donde sale una cola de un azul neón que hace que me maraville.

-Ya ha empezado-avisa Gideon con una sonrisa victoriosa en la cara.

-¿El qué?-pregunto maravillada mirando cómo cada vez aparecen más y más sirenas de distintos colores, pero todos parecen iluminarse con la luz de la luna.

Es como una explosión de colores que se hacen más vivaces al encontrarse con los rayos de la luna y el resplandor de las estrellas.

Las sirenas nadan felices y juegan juntas a la vez que se comunican a través de chasquidos.

No digo que sea más bonito de ver que la hondonada de las hadas por la noche, pero sí ha sido más sorprendente.

Me giro para observar al pirata, quien tiene posada la mirada en el espectáculo. Sus ojos verdes maquillados de negro brillan y se iluminan por los distintos colores de las colas de las sirenas. Y me acabo de dar cuenta de que hay pequeñas pecas que salpican sus mejillas sonrosadas.

Noto como mis pulsaciones aumentan de velocidad. No. Sacudo ligeramente la cabeza para regresar a la realidad.

Es un pirata. Los piratas siempre tienen un plan egoísta.

-¿Por qué me has traído aquí?-pregunto captando su atención y haciendo que me mire-. No, mejor dicho, ¿por qué querías que pasase el día contigo?

-No sé. Parecías aburrida y... Sola.

-¿Y desde cuándo te importa mi estado?-pregunto rodando los ojos molesta.

Antes de que conteste, decido soltar las dudas que se iban rondando por mi cabeza.

-¿Qué sacas de todo esto? ¿A caso piensas que a partir de ahora me voy a hacer tu amiga y me voy a olvidar que eres uno de ellos? Pues que sepas que no. No he caído en tu trampa. No soy tan estúpida como para tragarme la historia esta que estás montando de "en realidad soy un buen chico". Y mucho menos soy tan estúpida como para caer en tus brazos como crees que hacen todas. ¿Vale?

Cuando termino suspiro exasperada, aún con el corazón latiéndome a mil por hora y con la adrenalina corriendo por mis venas.

El rostro de él se mantiene serio y calmado.

-Bueno. ¿No vas a decir nada?-lo insto examinándole las facciones para atisbar alguna muestra de sentimiento.

-¿Para qué? Si ya lo has dicho tú todo-contesta con la misma expresión.

-¿Qué?-pregunto desconcertada.

-Si eso es lo que piensas, allá tú. ¿Sabes? Cuando te vi por primera vez pensé que estaba tratando con una cría que pataleaba porque no conseguía el cariño de un niño aún más crío-empieza diciendo, cosa que provoca un sonrojo mío a causa de la vergüenza-. Pero me equivoqué. He visto que te las has apañado muy bien tú sola y me alegro por ello. En serio. Pero supuse que esta soledad te haría mal a la larga. Los seres humanos estamos hechos para estar en comunidad. Tarde o temprano te habrías consumido por tus propios pensamientos negativos y...-deja de hablar para centrarse en mis ojos, cosa que me pone nerviosa-. No quería que eso te pasara porque pienso que eres especial.

Boom.

-¿Qué?-pregunto ida y aún más confusa.

Suelta una sonrisa tierna provocada por mi abatimiento y se dispone a colocarme delicadamente un mechón en la oreja, cosa que provoca un cosquilleo por mi cuello.

Posa su mano en mi mejilla y con el pulgar me la acaricia suavemente mientras me penetra con sus ojos brillantes.

Noto como se va acercando lentamente a mí haciendo que todas las alarmas se me disparen.

-¿Qué haces?-susurro como si algo dentro de mí no quisiera romper la magia.

-Calla y bésame, niña perdida.

Y eso hice.

Cierro los ojos al notar el contacto de sus suaves labios con los míos.

Extrañamente, el beso es lento y dulce. Lo más tierno es la delicadeza con la que me sujeta la cara, como si fuera una tacita de cristal que se pudiera quebrar en cualquier instante.

Dejándome llevar, poso mi mano sobre la suya y la otra la dejo en su pecho mientras él me rodea la cintura.

Lentamente nos separamos y abro los ojos encandilada.

Como si alguien hubiera chasqueado sus dedos en frente de mis ojos me despierto de la ensoñación.

Capítulo 10

Yo...–carraspeo–. Debería volver a casa, ya es tarde–digo alejándome un tanto incómoda.

—Claro–contesta sonriendo–. Te acompaño.

—No–digo bruscamente–. Emm... No hace falta–suavizo avergonzada–. Gracias por haberme enseñado todos esos sitios–acierto a decir mientras me rasco la nuca nerviosa–.

—No hay de qué. Sorprendentemente he disfrutado de este día.

Lo miro con una sonrisa enternecida, cosa que parece ponerle... ¿nervioso?

—Bueno, te diría que vayas con cuidado, pero más bien son los demás los que tienen que ir con cuidado contigo–comenta y hace que suelte una risa genuina.

—Buenas noches, Gideon–me despido.

—Buenas noches, madame–se despide haciendo una reverencia.

Me giro y voy dirección a la hondonada de las hadas con el corazón aún acelerado.

Me muerdo las pieles del labio inferior nerviosa mientras pienso en todo lo que acaba de pasar.

Es surrealista. ¿Por qué me ha besado? ¿Por qué ha organizado todo esto para empezar?Y... ¿por qué no me ha disgustado?

Admito que es un chico atractivo. Sus ojos verdes te atraen y su sonrisa te atrapa para más tarde derretirte.

Después está su manera de actuar. Es como si para él fuera un juego, un juego que al inicio te parece absurdo y pueril y poco después te ves sumida en él. Pero también parece ser que tiene un lado profundo y maduro.

Estoy confundida.

En un abrir y cerrar de ojos me encuentro en la hondon ada.Subo las escaleras de madera para llegar a mi casa del árbol.Una vez arriba alzo la mirada para mirar lo que tengo en frente y no doy crédito.

—¿Qué haces aquí?–pregunto más sorprendida que molesta, cosa que habría querido que fuera al revés.

—No lo sé–contesta Peter con una expresión cansada.

No sé qué me preocupa más: que no me haya contestado con otra pregunta o algo ingenioso, o que parezca que lleve un gran peso sobre sus hombros.

—Vale... Yo me iba a dormir ya, así que... ¿Tienes algo que decirme o...?–me quedo a mitad de la frase, sin saber como seguirla porque nunca pensé que volviera a recurrir a mí para nada, así que no se me ocurre qué es lo que quiere de mí.

—Tengo que irme–dice mientras se dispone a elevarse–. No sé ni por qué he venido–dice esto último más para sí.

—Peter, espera–lo llamo antes de que se vaya y él se detiene curioso–. ¿Ha pasado algo? No tienes por qué avergonzarte de pedirme ayuda. Sabes que por muy enfadados que estemos siempre miro por el bien de Nunca Jamás.

—¿Qué? ¡No! No es eso–contesta molesto y con el ceño fruncido, como si le molestara que no supiera qué es lo que pasa.

—¿Entonces? No estoy entendiendo nada, la verdad–esta vez soy yo la que frunce el ceño.

—¡Nada! ¡No pasa nada!

—Pues si no pasa nada, ¿por qué estás gritando?–pregunto empezando a molestarme yo. Odio cuando la gente dice que no pasa nada o están bien cuando en realidad es obvio que les pasa todo lo contrario.

—Me pareces increíble–suelta con un soplido incrédulo.

—¿Ahora que he hecho mal, señor Don Perfecto?–digo sarcásticamente.

—Me estuviste molestando todo el tiempo sobre lo malos y traidores que son los piratas. No parabas de intentar demostrar que Scarlett es una villana y después tú te vas con su perrito faldero. La única traidora aquí eres tú.

Me quedo callada y blanca como el papel.

—¿Cómo...?

—¿Que cómo sé lo de Gideon?–me interrumpe–. ¿A caso importa?

Recobro la compostura al pensar fríamente en la situación.

—Sí, pasé el día con él. ¿Y qué? No entiendo por qué te molesta tanto si fuiste tú quien quería que me alejara.

—Me molesta que me recrimines algo y después lo hagas tú–sentencia cambiando a un tono más sereno y demasiado firme, como si quisiera sonar creíble.

—Claro, y voy yo y me lo creo–suelto para después acercarme a él hasta que solo nos separan unos centímetros–. Que consigas engañarte a ti mismo no significa que consigas engañarme a mí.

Noto como se tensa ante la proximidad. Lo miro a los ojos profunda y seriamente para después alejarme.

—Deberías irte. Estoy cansada–digo con doble intención mientras me dirijo a la cama y me meto en ella dándole la espalda.

Estoy unos segundos así hasta que siento un leve aire. Me giro y veo que ya no está aquí.

—¡Joder!–gruño a la vez que pego un puñetazo al suelo.

Me llevo las manos a la cara exasperada a la vez que me dejo caer de vuelta a la cama.

Ya había conseguido sobrellevar el dolor y la rabia para que ahora vuelva para recordarme lo mal que hemos acabado. Y todo por culpa de esa... Maldita.

Scarlett. Todo lo que pensaba sobre ella no puede ser mentira. Si fuera una buena persona no haría que Peter estuviera en contra mío.

—Al cuerno la promesa.

Y dicho esto, mi respiración se va tornando cada vez más relajada hasta que termino por dormirme.

****

Camino con decisión acompañada de un hada hacia la tienda de la hija del gran jefe indio.

Cuando estoy a punto de entrar, me frenan el paso unos hombres robustos y con cara de pocos amigos.

—Tú no poder entrar–dice uno de ellos.

—Necesito hablar con Tigrilla.

Parece que les haya entrado por un oído y salido por el otro porque continúan firmes en frente de la cabaña.

—Bien, vosotros os lo habéis buscado—digo para mirar a mi compañero hada.

Este no tarda en rociar de polvo a los dos indios haciendo que se eleven sorprendidos y sin saber que hacer.

Con el camino libre, entro con convicción en la tienda.

Tigrilla, quien estaba sentada enfrente de un escritorio, se levanta preparada a atacar. Supongo que se habrá dado cuenta que sus incompetentes guardias no han podido hacer fuera al intruso, es decir, a mí.

Cuando se gira y me reconoce, su expresión se relaja y se torna curiosa.

—Señorita Anderson. ¿Qué hace aquí?

—Vengo a proponerle una oferta que no podrá rechazar—digo y espero a que muestre su aceptación a esta intrusión.

—Adelante—me alenta.

—No voy a estar más al margen y vamos a planear algo ya para acabar con todo esto de una vez por todas. No tengo pruebas de que Scarlett este involucrada en un plan malvado, pero lo presiento y sé que tú también. Así que ya estamos tardando en acabar con todo esto.

Nos quedamos en silencio. Su semblante serio me intimida, pero no dejo que se percate de ello.

Seguidamente se gira y va de nuevo hacia el escritorio.

Me quedo quieta sin saber qué hacer. ¿Es un sí o un no?

—Desde ahí no vas a poder ver los planos–comenta para que me acerque, cosa que hago con una sonrisa victoriosa.

Encima de la mesa hay un mapa de Nunca Jamás con lugares marcados en rojo.

—¿Qué es todo esto?–pregunto sin entender.

—Puede que tú no tengas pruebas, pero eso no quiere decir que yo no las tenga. Te quería al margen de esto para que me dejaras actuar en las sombras porque cada dos por tres estabas llamando la atención–dice esto último mirándome como una madre riñendo a su hijo.

—Lo siento–respondo avergonzada.

—El caso es que había muchas cosas que no encajaban. ¿Cómo han llegado aquí los nuevos piratas? Porque no hemos visto ninguna otra embarcación y no parece que se relacionen con las hadas.

No me había planteado eso. Es verdad que me sorprendió ver piratas que no conocía antes, pero dejé de lado el tema cuando la capitana quiso entregarles un collar al jefe indio y a Peter. Me resultó demasiado familiar, ya que fue así cómo les lavó el cerebro a los niños perdidos el antiguo capitán Garfio.

—Además, ¿no te resulta extraño que el capitán del Jolly Roger sea una chica? Los piratas, por mucho que no sigan las normas, tienen sus propios principios y tradiciones. Siempre han visto como mal augurio que una mujer viaje en su barco, imagínate si es ella quien lo dirije.

—¿Qué insinúas?–pregunto sin saber hacia donde quiere llegar con todas esas suposiciones.

—No nos estamos enfrentando a una simple capitana de un grupo de brutos sin cerebro–si la situación no fuera tan escalofriante me habría reído–. Hay algo extraño en ella, ____. Y esto no te va a resultar tan fácil

como cuando te enfrentaste con el ex capitán James
Garfio.

Capítulo 11

Ya conocéis las reglas. Nada de herir de gravedad a los demás jugadores-recuerdo a los niños perdidos, los cuales están firmes en fila india escuchándome atentamente-, no queremos perder a más miembros.

-¿A qué se refiere con perder a más miembros?-escucho susurrar al nuevo niño perdido.

No hace falta que yo le mande a callar, ya que Osezno, quien está a su lado, lo hace por mí.

-A mi señal podréis empezar a buscar el tesoro-informo actuando como un líder militar.

-Pero solo has dicho una regla-recrimina otra vez el nuevo.

Cansado por su comportamiento me acerco a él.

-¿Tú quién eras?

-Jack-responde con el ceño fruncido-. El hermano de _____-aclara al ver que seguía sin recordarlo.

¿Hermano de _____? ¿_____ tiene un hermano? Ahora que pienso... ¿dónde está _____?

-Cadete Jack, la segunda y última regla es que no hay más reglas. Y ahora... Preparados... Listos... ¡YA!

Dada la señal, todos empiezan a correr por diferentes direcciones.

Me río al ver lo nerviosos que están y lo desesperados que se ven.

-Nunca lo encontrarán-le digo sonriente a Campanilla, quien tintinea volando a mi lado.

No sé por qué el comentario de ese niño me da vueltas por la cabeza.

-Campanilla-llamo su atención-, ¿sabes dónde está _____?-me mira con mirada curiosa y burlona-. No es que me importe, pero acabo de darme cuenta de que hace mucho que no la vemos por aquí y... Eso.

Mi fiel compañera se limita a encogerse de hombros.

-Bueno, pues voy a engañar a los niños perdidos. Cuantos más obstáculos, más divertido es el juego-digo con una sonrisa maliciosa.

Salgo volando en dirección a una parte de las zonas más peligrosas de Nunca Jamás: el hábitat de las bestias salvajes.

-No encontrarán el tesoro-pienso en voz alta riéndome al imaginarme a los niños perdidos huyendo de las bestias, demasiado ocupados para ganar el juego.

Una vez allí, en el silencio absoluto, cacareo lo más fuerte posible, haciendo que las aves salgan volando espantadas. Unos minutos después, se escuchan los gruñidos de las bestias y estas salen de su escondite para buscar a su presa.

Les dejo un rastro de sonidos y olores deliciosos para ellos en diferentes direcciones. No quiero que todos vayan a un mismo sitio y maten a algún niño perdido; solo quiero retrasarles.

Cuando acabo con esa tarea, me dirijo al hondonada de las hadas con una sonrisa traviesa en la cara.

Tengo pensado decirles a las hadas que me ayuden a entretenerles y que así se rindan y ganar este asalto.

Vuelvo al suelo y una vez me acerco al enorme árbol, veo una pequeña casa en un árbol de al lado. No creo recordar que estuviera aquí antes.

Me acerco curioso, despegando de nuevo desde el suelo. Podría haber usado las escaleras para ir al interior de la casa, pero no sería tan divertido.

Ya dentro, miro los objetos que hay. No hay gran cosa: una cama de hojas y pieles en el suelo, una silla y un escritorio con cosas encima. Camino hacia allí para mirar lo que hay: un mapa dibujado a mano de Nunca Jamás y unas cuantas notas.

-Alianza. ¿Hipnotizados por el collar?-leo en voz alta.

Instintivamente me llevo la mano al regalo de la capitana, el cual cuelga de mi cuello, y lo observo con el ceño fruncido.

Me vienen recuerdos de la última aventura. Los niños perdidos llevaban puesta una joya del capitán Garfio que les lavó el cerebro. ¿Me han hecho lo mismo a mí? No puede ser. Me siento muy despierto.

Suelto el collar y este rebota en mi pecho delicadamente. Mis ojos van hacia una chaqueta negra fina que reposa en la silla. La cojo y me la acerco a la nariz. El aroma me resulta familiar.

_____ vive aquí. ¿Ha hecho todo esto ella sola?

Dejo la chaqueta donde estaba y salgo de la casa. Me dirijo a la playa, olvidándome de pedirles ayuda a las hadas, y me quedo mirando el horizonte.

Me había olvidado completamente de ella. ¿Cuando fue la última vez que la vi? ¿Por qué se fue?

Escucho pasos detrás de mí, así que desenvaino rápidamente mi cuchillo y apunto a quien sea que esté detrás mío.

-Pensaba que ya éramos amigos-dice Scarlett con una sonrisa.

Guardo el cuchillo en la funda que cuelga de mi vestimenta.

-No me acostumbro a la tranquilidad-me defiendo encogiéndome de hombros.

-Pues ya tenéis que temer, ni tú ni los niños perdidos, de ser apuñalados por un pirata por la espalda-ríe.

-¿Querías algo de mí?-pregunto yendo al grano.

-Nada en especial. Solo paseaba, en busca de mi segundo al mando, Gideon. ¿No lo habrás visto por casualidad? No suele escaparse de sus obligaciones.

-No-contesto mientras hago siluetas en la arena con los pies.

Me alegra que todos nos llevemos bien, pero ahora no es tan divertido como cuando Garfio intentaba matarme y yo a él. Era todo impredecible. Y ahora soy yo quien maneja las fichas del juego y el creador mismo de este. Me gustaba adaptarme a cada reto que se me presentaba y creer que era yo quien controlaba la situación hasta que llegaba algo que me hacía ver que no. Ahora sí controlo la situación y es muy aburrido.

Escucho un suspiro. Levanto la mirada. Scarlett, se me había olvidado que estaba aquí.

-Bueno... ¿Y dónde está _____? Hace tiempo que no la veo ni sé nada de ella.

-No... No lo sé-digo serio.

Algo que no puedo controlar.

-Seguro que estará bien-intenta animarme con una sonrisa consoladora a la vez que posa su mano en mi hombro-. Es una chica... pertinaz.

-Sí... Supongo-en realidad no sé a que se refiere con ¿pertinaz?

-Si quieres podemos buscarlos juntos. Y así nos hacemos compañía-ofrece amablemente.

Sus labios se ensanchan formando un hoyuelo en su mejilla derecha y haciendo que sus ojos color miel se achinen ligeramente.Relajo los hombros, los cuales no sabía que estaban tensos, y me recoge una sensación de calidez y paz por el cuerpo.

No entiendo como le podía caer mal a _____.Se me enciende la bombilla. Por eso se fue. Se enfadó porque no estaba de su lado. Pero no tiene derecho a enfadarse por eso, no siempre podemos estar de acuerdo en todo.

-Vale-termino contestándole.

-Magnífico. Creo que deberíamos ir por la derecha y dar la vuelta a la isla.

-Me parece bien.

Iba a salir volando cuando me di cuenta de que ella no puede. Aterrizo un poco avergonzado.

-Lo siento-me disculpo rascándome la nuca nervioso-. Se me olvida que no todos saben volar.

-Tranquilo-suelta con una pequeña risa-. Espero que algún día de estos me enseñes.

Noto como el calor me sube a la cara, aunque no sé muy bien por qué.

-Eh... Claro. Tendría que preguntarle a Campanilla... Pero por mí no hay problema.

Y dicho esto caminamos hacia la dirección que dijo la capitana.

Llevamos horas buscando y seguimos sin encontrarlos, a ninguno de los dos. Empiezo a preocuparme un poco por _____. ¿Y si se la ha zampado alguna bestia por mi culpa?

Scarlett no para de hablar. Me narra historias y aventuras que ella y su tripulación han vivido. Me describe todo tipo de lugares que han visitado. Al principio me parecía entretenido, pero no es muy difícil que termine dejando de escuchar y me suma en mis pensamientos.

-Y Peter-me llama, llamando mi atención-. Cuéntame tú. Has tenido que vivir muchísimas aventuras. Y me parece que te estoy aburriendo un poco-dice tímidamente a la vez que se coloca un mechón de cabello detrás de la oreja. Hace que me sienta mal.

-Tus historias sonaban muy divertidas y fantásticas-intento animarla-. Y mis aventuras...-no termino la frase.

He tenido muchas, pero de las que mejor me acuerdo son las que no he vivido solo. Siempre estaba acompañado de personas de la misma sangre. Las Darling.

-Em... ¿Por qué no me hablas de _____?-me alenta con una sonrisa amistosa-. Parece que os conocéis muy bien. Seguro que habéis vivido mucho juntos.

-Nos costó mucho llevarnos bien-se me escapa una pequeña risa-. Bueno, y a ella le costó mucho creer que todo esto era real. ¡Hizo hasta que le cortara!

Scarlett me mira con ternura mientras caminamos hacia la laguna de las sirenas. Aunque tampoco soy muy consciente de lo que hacemos ni de que ya queda poco para que oscurezca; estoy inmerso en mis recuerdos, en unos que había guardado muy dentro de mi cabeza.

-Supongo que terminó creyendo-comenta ella.

-Sí, pero tuvo que hacerlo por las malas-la sonrisa se me va desvaneciendo poco a poco-. Ella no quería estar aquí. Quería volver con su familia. Y eso hizo-termino frunciendo el ceño. Ella me dejó.

-Pero ha vuelto-me anima la capitana.

-Porque no tenía otro remedio.

Llegamos a la laguna de las sirenas. No veo demasiado bien por culpa de la oscuridad de la noche, pero los colores de las sirenas iluminan dos figuras.

-Mira, allí están-dice Scarlett.

Nos vamos acercando a ellos. ¿No están muy juntos?

A medida que voy avanzando y los veo mejor, voy reduciendo el paso hasta que me detengo.

-Peter, ¿estás bien?-se detiene la pirata pasando su mirada de mí a ellos-. Parece que se van entendiendo.

Sigo mirando sorprendido la escena. ____ y ese pirata se están besando. ____ ha besado a un pirata. No lo entiendo. Dijo que los odiaba y me molestó mucho con ese tema. ¿Por qué lo besa?

Siento como una presión en el pecho cuando observo la escena. Ya han dejado de besarse, pero solo recordarlo me crea esa sensación tan rara.

-¿Peter?-vuelve a llamarme la atención Scarlett.

-Yo... Tengo que irme.

Y dicho esto salgo volando. Sin saber cómo ni por qué termino en la hondonada de las hadas. Verlas brillar y bailar me trae unos sentimientos del pasado, pero no logro recordar cuáles son ni cómo ni quién me los provocó.

Subo a la casita por las escaleras, agarrándome fuertemente a la madera. Una vez arriba miro la sala con detenimiento.

Suspiro. No entiendo qué está pasando.

Al poco rato, escucho un chirrido, así que me giro para saber de dónde viene. Y me encuentro de cara con una _____ sorprendida e incómoda. Supongo que es lo que tiene no verse desde hace meses; nunca se sabe qué decir en estos momentos.

-¿Qué haces aquí?-me pregunta.

-No lo sé-contesto decaído.

Noto que está incómoda, pero no me importa. No debería de haberse ido.

-Vale... Yo me iba a dormir ya, así que... ¿Tienes algo que decirme o...?

Si quiere seguir viviendo aquí y teniendo al pirata como mejor amigo, yo no puedo hacer nada; solo dejarla. Y parece que es eso lo que tengo que hacer.

-Tengo que irme-termino diciendo, dispuesto a salir volando-. No sé ni por qué he venido-murmuro.

-Peter, espera.

Hago lo que me dice. A lo mejor sí que quiere volver conmigo y los niños perdidos, y vivir aventuras juntos, como aquella vez.

-¿Ha pasado algo?-continúa-. No tienes por qué avergonzarte de pedirme ayuda. Sabes que por muy enfadados que estemos siempre miro por el bien de Nunca Jamás.

Claro. Solo quiere saber si hay algún malo y acabar con él, como hizo con Garfio. Frunzo el ceño. Me molesta que piense que solo vendría a verla para pedirle ayuda. Además, si hubiera algún problema, lo podría solucionar yo solo.

-¿Qué? ¡No! No es eso.

-¿Entonces? No estoy entendiendo nada la verdad.

Noto como frunce el ceño. Supongo que es lo que le provoco siempre: dolores de cabeza.

-¡Nada! ¡No pasa nada!-exclamo cansado.

Estoy cansado de que no entienda lo que pasa. Estoy cansado de que piense que soy alguien que no soy. Y estoy cansado de no saber qué es lo que me pasa.

-Pues si no pasa nada, ¿por qué estás gritando?-pregunta molesta.

-Me pareces increíble-suelto con un soplido incrédulo.

-¿Ahora que he hecho mal, señor Don Perfecto?-dice sarcásticamente.

Besar a ese... chico. Eso has hecho mal. Besarle y olvidarte de mí.

-Me estuviste molestando todo el tiempo sobre lo malos y traidores que son los piratas. No parabas de intentar demostrar que Scarlett es una villana y después tú te vas con su perrito faldero. La única traidora aquí eres tú.

Noto como se le bajan los humos y palidece un poco. Supongo que está sorprendida de que lo sepa y eso me molesta más. ¿A caso no me lo iba a decir? Pensaba que éramos amigos.

-¿Cómo...?

-¿Que cómo sé lo de Gideon?-la interrumpo-. ¿A caso importa?

Vuelve a ponerse recta. Va a contraatacar. Siempre se alza cuando quiere recobrar la compostura, como si fuera un gato.

-Sí, pasé el día con él. ¿Y qué? No entiendo por qué te molesta tanto si fuiste tú quien quería que me alejara.

Yo nunca dije eso. No sé por qué lo dice.

-Me molesta que me recrimines algo y después lo hagas tú-termino diciendo. No voy a dejar que piense que la echo de menos. No ahora.

-Claro, y voy yo y me lo creo.

Veo como da unos pasos hasta quedar muy cerca de mí. Demasiado.

-Que consigas engañarte a ti mismo no significa que consigas engañarme a mí-termina.

Intento mantener la compostura, pero no puedo controlar el latido de mi corazón. Me mira con ojos tan enfadados que parecen que vayan a echar fuego. Pero siguen igual de brillantes y grandes a como los recordaba.

Cuando estaba a punto de perderme en ellos, se aleja con decisión.

-Deberías irte. Estoy cansada-dice caminando hacia su cama.

Se mete en ella y me da la espalda. La miro con tristeza y suspiro.

Parece que no me quiere aquí.

No tardo en salir volando hacia a casa. Espero que los niños perdidos estén bien; no sé qué haría sin ellos. Sin ellos no me quedaría nada.

Capítulo 12

Con el agua besándome las pantorrillas miro con detenimiento los peces moverse a mi alrededor. Calculo el lugar exacto por donde el pescado más cercano va a pasar y rápidamente le clavo la estaca, cazándolo.

-Lo siento mucho-le digo al cuerpo sin vida del pececín, el cual es lo suficientemente grande como para no tener que cazar otro.

Escucho una risa detrás mío, y me giro sorprendida porque alguien me estuviera observando.

-Ah, eres tú-suelto despreocupada.

-Creo que eres la única persona que se disculpa con la comida-dice burlón posicionándose en la orilla mientras yo salgo del mar con dificultad.

-Nunca he tenido que matar animales para poder comer, aún me estoy acostumbrando-me defiendo mientras él mira divertido mis penosos intentos de salir del agua-. Además, gracias a ellos yo vivo, qué menos que disculparse y darles las gracias-termino a la vez que consigo llegar a la orilla, gracias a ser expulsada por una ola.

-Sin duda alguna eres una única-dice con una risa.

Me pongo seria al escuchar eso y él se incómoda al percatarse de sus palabras. Es la primera vez que nos vemos después de pasar el día juntos y de que termin ara... besándome.

-Bueno...-rompo el hielo-. ¿Estás aquí por algo en especial o...?-dejo la frase sin acabar, esperando a que él hable.

-Ah, no, solo pasaba por aquí y creí verte de lejos, así que me acerqué para ver si eras tú-contesta a la vez que se rasca la nuca.

-Pues creías bien-digo un tanto incómoda, intentando sonar normal.

Saco el pez de la estaca y lo dejo en un cubo de madera lleno de agua que les robé hace unas semanas a los indios. Después lo cojo y empiezo a encaminarme a casa.

-Eh-me llama Gideon mientras se acerca a mí, uniéndose a mi camino-, ¿a dónde vas?

-A mi refugio-contesto acomodando el cubo entre mis brazos.

-¿Quieres que te lo lleve?-se ofrece.

-No, puedo sola, gracias. Lo llevo haciendo bastantes semanas-contesto un tanto extrañada.

¿Por qué me sigue? No entiendo por qué está conmigo en vez de haciéndose cargo de sus labores, tal y como quiere su capitana que haga.

Aunque niego su ayuda, eso no le impide caminar a mi lado, dirigiendo de vez en cuando su mirada a mí. Yo miro al frente, haciendo como si no me diera cuenta para evitar cualquier momento incómodo.

-¿No tienes cosas más importantes que hacer?-termino diciendo. Tenía intención de instarle a que se fuera de manera delicada, pero creo que no me ha salido especialmente bien. Aunque no parece afectarle en lo más mínimo.

-La verdad es que no-dice feliz-. Hasta Scarlett se la pasa dando paseos por la isla.

Le miro por primera vez desde que nos hemos alejado de la playa con una ceja elevada.

-¿En serio?-suelto incrédula y vuelvo a mirar adelante para no tropezarme con ninguna rama-. No veía a Scarlett como una persona fanática de los paseos en solitario.

-Bueno, no suele ir sola-comenta el pirata cambiando el tono.

Claro, va con Peter.

Por suerte, llegamos a la hondonada de las hadas y no es necesario que diga nada.

-Voy a dejar esto arriba-aviso para después subir a mi pequeño hogar.

Una vez arriba, suelto con pesadez el cubo en una esquina y suspiro cansada.

-Bonita casa.

Me yergo y me giro para mirarlo. Con "voy a dejar esto arriba" me refería a que yo iba arriba y él esperaba abajo. Hay que especificarlo todo por lo que veo. Y no sé que manía tienen con entrar en casas ajenas.

-Pensaba que esperarías abajo-le suelto.

-Me picaba la curiosidad-contesta mientras toquetea mis cosas.

-¿Nunca te han dicho que es de mala educación coger cosas ajenas sin permiso?-digo mientras le arrebato un lápiz que había agarrado y lo dejo donde estaba, encima de la mesa. Menos mal que guardé a buen recaudo los apuntes que tomé sobre la situación de los piratas.

-No soy de los que siguen las normas-me responde con ojos burlones.

-Ah, es verdad. Casi olvido que eres un pirata-contesto sobreactuada a la vez que ruedo los ojos.

Parece ser que le causa gracia, ya que suelta una pequeña risa. Contra mi voluntad, mis labios dibujan una pequeña sonrisa. Su risa es agradable.

De repente siento una punzada de incertidumbre en el pecho, la cual me devuelve a la realidad. Esta es mi oportunidad de sacar información y hallar respuestas.

-Oye-empiezo.

-Oigo-se burla con una sonrisa.

-¿Cómo terminaste siendo pirata?-pregunto jugando con mis manos, aparentando nerviosismo. Tiene que pensar que soy un ser inocente y sin ningún plan más profundo que saber más sobre él.

Al ver que tarda en contestar alzo la mirada y detecto un pequeño atisbo de incomodidad e inquietud, pero sabe como camuflarlo rápidamente.

-¿Por qué este repentino interés en saber de mi vida?-comenta con una sonrisa socarrona.

Con esto no tendrá más remedio que romper su coraza.

-Tal vez me caigas bien y por ello quiero conocerte-digo entrando en su juego a la vez que me acerco un poco más a él para recolocarle el cuello de la camisa, el cual estaba retorcido.

Noto la tensión de su cuello y de su mandíbula ante mi proximidad. Supongo que actuar como en realidad no actuaría funciona. Cuanto más nervioso y confundido esté, más información soltará.

Enderezco el cuello de la camisa delicadamente, rozando su cuello con mis pulgares a medida que recoloco hacia abajo el pliegue de la prenda.

Alzo la cabeza y lo pillo observándome con la boca ligeramente abierta.

No es necesario insistirle, ya que está lo suficientemente sorprendido, nervioso e incómodo como para decir y centrarse en cualquier cosa.

-La verdad-empieza aclarándose la garganta-, llevo toda mi vida viviendo así.

-¿Tus padres eran piratas?-pregunto interesada.

-No, ellos... murieron-contesta mirando a cualquier sitio menos a mí.

Lo miro con pena. Sé lo que se siente el perder a tus padres, tuvo que ser muy duro para él. Siento una punzada de culpa por haber sacado el tema.

-Gideon... Lo siento mucho. Tuvo que ser muy duro.

-Tampoco te creas-dice recobrando la postura-. Yo era solo un bebé. Scarlett me explicó que mi madre se puso muy enferma y mi padre tuvo que robar medicinas porque eran tan pobres que no tenían ni para comer. Pero le pillaron y... lo asesinaron-hace una pausa y yo no digo nada para dejar que siga explicando-. Mi madre medio moribunda me dejó en un callejón, donde me encontraron llorando unos piratas que se apiadaron de mí. Ellos son básicamente mi familia.

No sé exactamente que decir. Mi cerebro intenta buscar palabras de pésame, pero no creo que sea correcto pronunciarlas, ya que ni siquiera él los conoció.

-Qué historia tan trágica-me limito a decir.

-Peor que Romeo y Julieta-comenta con una pequeña risa forzada, para romper el hielo.

Sonrío tristemente. Y de repente me viene algo a la cabeza.

Scarlett me explicó.

Frunzo el ceño dubitativa.

-Gideon-llamo su atención y el nombrado me mira curioso-, has dicho que todo eso te lo explicó Scarlett. ¿Cómo es posible? No sé cuál es su edad pero como mucho puede tener la tuya.

El pirata se limita a encogerse de hombros.

-Se lo contaría alguno de los piratas que me rescataron y ella me lo explicó a mí.

Su respuesta no me llega a convencer, pero tampoco quiero insistir y que sepa que me voy acercando a la verdad. Quiero tener aunque sea un poco de ventaja y sé que la tengo por su semblante serio e impenetrable que manifestó cuando le hice la pregunta.

No quiero seguir escarbando para no levantar sospechas, así que no sé exactamente qué decir ni que hacer. De lo que sí estoy segura es que tengo que reunirme con Tigrilla a informarle sobre esto.

Suspiro para relajarme.

-Bueno, yo me tengo que ir-digo en mitad del silencio.

Hago el ademán de dirigirme a la salida, pero me detiene la mano de Gideon, la cual agarra con cuidado mi muñeca.

-Espera-suelta con rapidez el pirata.

Me quedo en frente suyo y lo miro con curiosidad.

-¿Qué pasa?-pregunto.

Miro su mano, que sigue cogiendo mi brazo, y regreso la mirada a él. No parece que le importe porque no afloja el agarre, más bien lo contrario. Desliza sus dedos hasta encontrarse con los míos y aferrarlos con ambas manos.

Esta vez soy yo la que se tensa y la que es pillada desapercibida.

-¿Qué haces?-pregunto junto con una risa nerviosa.

-No hemos hablado sobre nosotros-suelta mientras sigue jugando con mis manos despreocupadamente.

-¿Nosotros?-frunzo el ceño sin entender.

-Tienes que admitir que hay algo entre nosotros-dice esto dirigiendo su mirada a mis ojos.

-Ni siquiera te conozco-le recrimino.

-Pero te atraigo-me acomoda el cabello por detrás de la oreja y me recorre un escalofrío por su tacto.

Se inclina hacia a mí, pero me alejo rápidamente.

-Esto no está bien-digo como una estúpida.

-¿Por qué no está bien?-pregunta confundido.

Ni siquiera yo sé a qué me refería con eso.

-P-porque no está bien. Yo...

Solo me viene a la cabeza aquella noche, pero no por el beso, sino por la visita del intruso. Cuando creí haberme olvidado de él, vuelve a recordármelo. ¿A quién quiero engañar? Nunca lo llegué a olvidar. Me construí mi casa en el lugar donde bailé con él, uno de los momentos de mayor conexión con el niño volador.

El ojiverde parece percatarse de mi angustia y deja a un lado su yo seductor para dejar paso a su yo comprensivo.

-No te preocupes. Si necesitas tiempo, yo te lo concedo. Todo el que quieras. Y si no quieres que haya un nosotros, me sentiré más que satisfecho de ser tu amigo.

Se acerca a mí con ojos brillantes. Me acaricia suavemente la mejilla derecha para después dejar un dulce beso en ella a modo de despedida.

Una vez que desaparece, suelto angustiosamente el aire que había estado reteniendo.

No había planeado que esta conversación terminará así.